天水市博物馆历史文化丛书之十二

八千年的记忆

天水市博物馆 编

天水市博物馆通史陈列

文物出版社

图书在版编目（CIP）数据

八千年的记忆：天水市博物馆通史陈列 / 天水市博
物馆编 . -- 北京：文物出版社，2021.9
ISBN 978-7-5010-7171-5

Ⅰ. ① 八… Ⅱ. ① 天… Ⅲ. ① 博物馆—历史文物—陈
列—天水—图集 Ⅳ . ① K872.423.2
中国版本图书馆 CIP 数据核字（2021）第 142427 号

八千年的记忆——天水市博物馆通史陈列

天水市博物馆历史文化丛书之十二

编　　者 / 天水市博物馆

责任编辑 / 许海意
文物摄影 / 宋　朝　张　冰
责任印制 / 张道奇
装帧设计 / 谭德毅

出版发行 / 文物出版社
社　　址 / 北京市东城区东直门内北小街 2 号楼
邮政编码 / 100007
网　　址 / http://www.wenwu.com
经　　销 / 新华书店
制版印刷 / 北京荣宝艺品印刷有限公司
开　　本 / 889毫米×1194毫米　1/16
印　　张 / 21
版　　次 / 2021年9月第1版
印　　次 / 2021年9月第1次印刷
书　　号 / ISBN 978-7-5010-7171-5
定　　价 / 380.00元

文物对话历史（代序）

天水市博物馆研究员　李宁民

《诗·秦风·小戎》中载：

小戎俴收，五楘梁辀。游环胁驱，阴靷鋈续。

文茵畅毂，驾我骐馵。言念君子，温其如玉。

在其板屋，乱我心曲……

　　春秋早期的某位秦公，率师出征，壮观的兵车阵容，让人望而生畏。然而"在其板屋"的妻子对征夫的思念之情却难以言表，心曲跳动不断。《汉书·地理志》："天水、陇西，山多林木，民以板为室屋。"故《秦风》中有"在其板屋"之说。天水自古以来自然环境优越，可谓林草丰茂，山水灵秀。俗话说"一方水土养一方人"，特定的环境影响和制约着生活于此的人群，造就该地区特殊的人文环境。而天水地区的先民除了留下"板屋"这样的记忆，还留下了什么？我们能通过怎样的时空线索去认识天水呢？

　　天水地跨黄河、长江两大流域。黄河最大支流渭河，从西向东贯穿全境；长江流域的西汉水发源于天水南部。三座大山为其屏障，陇山横亘东北，西秦岭绵延东南，六盘支脉蜿蜒西北。地势西北高东南低，海拔1000~2100米，年降水量450~650毫米，年平均气温11℃，冬无严寒，夏无酷暑，气候温润，素有"陇上小江南"之称。

大地湾原始村落复原场景图

公元前 908 年，周孝王命非子在汧渭之间为王室牧马，因其养马有功，被封于秦邑（今天水清水县境），为周附庸，号曰秦嬴。这是有关天水在史料中的最早记载。西汉武帝元鼎三年（前 114 年），从陇西、北地二郡析置天水郡。"天水"作为地名首次出现。而有关"天水"之名的说法后人可谓不少，有"天河注水""天一生水""天汉之水""天水家马鼎" 等说法。虽然至今还未有公认的"天水"之名来历，但这些美好的释意让人不断去遐想，不断演绎出美好的故事与传说。且不管"天水"之名是怎么来的，什么时候来的，但悠远绵长的天水始终徜徉在历史的河畔边。

一

从人开始使用、制造工具，便有了"文化"，即人以体外的方式适应世界，发展自己。20 世纪 80 年代，在武山县鸳鸯镇西南大林山下先后两次发现古人类头骨化石，测年约为距今 3.8 万年。中国科学院古脊椎动物与古人类研究所将其命名为"武山人"，是旧石器时代晚期人的遗骨。近些年，在张家川县杨上遗址发现旧石器时代文化，并进行了科学发掘，该遗址的形成年代始于 22 万年前，是目前中国陇西黄土高原发现年代较明确的最早的旧石器时代遗址。[1] 可见在旧石器时代天水便是古人类活动的重要地区。

《庄子·秋水篇》里说"两涘渚崖之间，不辩牛马"。由于空间的遥远，具体事物已然模糊不清，何况时间的久远呢？胡适当年丢开唐、虞、夏、商，直接自《诗经》讲起，把"遥远的古代"用括号悬置起来，顾颉刚在《古史辨》第一册序中提到，胡适这种做法对他们"充满着三皇五帝的脑筋骤然做了一个重大的打击"。但是，破坏脑筋并不等于重建思路，历史这条河流也并不能从中截断，它有去向也有来源。就如我国现存最早的文字——殷商卜辞甲骨文，如此完备体系绝不是横空出现，定是几千年来人类知识经验的总结和提炼。我们的史前历史，定然不是空白一片，虽然不能重建远古世界的图景，但通过遗留下来的只言片语和残砖碎瓦，我们也可以追溯过去。

遥远的传说时代，必然会以神秘、庄严、诡秘的述说出现在后人面前。传说时代的英雄伏羲与女娲，据说是兄妹，又是夫妻，或许这是族内婚的历史反映。而他们的传说又与天水有着千丝万缕的联系。史载伏羲出生于古成纪，其始画八卦等诸多历史功绩引导人们走出了鸿蒙未启的时代。千百年来，奉祀不断，如今伏羲祭祀大典每年在天水伏羲庙举办，作为一种民族传统文化的象征和记忆传承而意义非凡。女娲，作为中国上古神话的创世女神，可谓家喻户晓。许慎《说文》："娲，古之神圣女，化育万物者也。"她是创造万物的母神，其传说不仅有抟土造人，还有补天救世。女娲用神力掺杂水土发生剧变造出男男女女，这是先民对人类起源最朴素的认知。其实在那个时代，水与土相融的产物就是陶器。

当人类控制生物资源，自己去生产食物而非仅仅依赖自然生长食物的时候，意味着人类开创了一个新的时代。伴随这个新时代应运而生且保留下来的物质文化便是陶器。可以说，陶器是人类社会告别蛮荒愚昧的标志性器物。先民捣土抟泥，拉坯塑形，浴火重生，使人类跨入了以器皿物具盛

---

[1] 赵宇超、周静、李锋、陈福友：《甘肃张家川县杨上旧石器时代遗址的发掘》，《考古》2019 年第 5 期。

煮食饮的时代。当然，陶器也不仅仅停留在满足基本的实用功能上，更深刻的变革是先民对客观事物的感受和认知，用色彩将思想火花绘制在陶器上，彩陶的出现是人类追求美好生活所奏出的第一声心曲。

大地湾，是天水一个不起眼的小地方。公元前6000~前2800年之间，这里人丁兴旺，食物丰足，建起了居室，使用了精美的用具。大地湾一期文化的圜底钵，口部内外沿绘有一周暗红色彩带，如黎明的第一缕曙光，洒向大地。继大地湾文化（大地湾一期文化）之后，仰韶文化更是熠熠生辉。甘肃仰韶时期的精品陶器，几乎都出自天水地区。与大地湾遗址直线距离不足5公里的秦安王家阴洼出土了半坡类型猪面纹彩陶壶，器腹部采用抽象手法绘出的猪面纹，扁平宽大的鼻子与眼睛、面颊变化成几何形图案，使憨厚、笨拙的猪平添了几分可爱的形象。庙底沟类型的人头形器口彩陶瓶，被誉为"大地湾的女神"，瓶口用圆雕塑造的人首眼神深邃，身部用黑彩弧形三角纹和斜线纹组成两方连续图案，似着一袭华丽的长裙翩跹起舞。还有甘谷县西坪出土的石岭下类型鲵鱼纹彩陶瓶，最突出的是在瓶身上用黑彩绘出头部酷似人面的鲵鱼图样，两眼炯炯有神，躯体生动活泼，不得不赞叹先民们细致的观察和高超的想象，有人说它是最早的龙图，有人说是传说中伏羲氏人首蛇身的形象。然而最直接的古人形象，莫过于天水麦积柴家坪出土的仰韶晚期红陶人面像，高颧阔面，横眉棱鼻，唇口微张，两耳垂各有一穿孔。类似的还有天水师赵村出土的装饰人像彩陶罐，身体具有X光透视的风格，有学者认为具有"萨满"意味的形象。上古先民将他们的思想和知识表现在这些艺术品上，我们竟不能揣测他们的真实目的，但对生命来源的好奇，对死后世界的敬畏，对永恒之美的追求，对情感的大胆表现……这些似乎是相通的，是我们思想普遍的共性。

大地湾遗址

仰韶文化是中国史前文化中耳熟能详的考古学文化，由瑞典人安特生最先发现。后来安特生来到甘肃洮河边的马家窑村时又发现了更具绚丽的彩陶，他震惊了，认为它与河南仰韶文化年代上是精确的一致，将其称为"甘肃仰韶文化"。如今，通过中国考古学家多年的努力，确定了马家窑文化是仰韶文化向西部的较晚扩展，以洮河、湟水流域为中心区。这时一个新的类型——石岭下类型（以武山的该遗址命名）被提出，该类型被视为仰韶文化庙底沟类型与马家窑文化之间的过渡阶段。从仰韶到马家窑，一个较为完整的文化发展序列（半坡、庙底沟、石岭下、马家窑、半山和马厂）被确立了。

新石器时代晚期开始，黄河流域一直是备受关注的中心，因为在这个区域内诞生了中国最古老的王朝——夏、商、周王朝。新石器时代晚期在黄河流域主要分为三个核心区域：黄河下游的大汶口—山东龙山文化、黄河中游的龙山文化、黄河上游的马家窑文化。而处在黄河上游的马家窑文化遗存表明，这一区域在当时已经具有贸易和交流通道而连接东西方向的功能。甘肃东乡林家马家窑文化遗址出土了一把青铜刀（约公元前 2900 年～前 2700 年），成为目前发现的中国最早的青铜器。马厂时期的遗址发现了更多的红铜和青铜制品，这也成为青铜冶炼技术从中亚经由黄河上游传入中原的证据。天水西山坪遗址发现 6 种栽培谷物，其中有小麦、大麦、燕麦等来自西亚的作物，经加速质谱仪（AMS）测定年代在公元前 2600 年，曾被认为是西亚谷物在中国最早的出现。从河西走廊到甘肃东部，再到陕西关中，这条"早期丝绸之路"在之后的历史进程中发挥了重要的作用。

公元前二千纪，文明国家诞生的前夜，西北高地也在剧烈变动。石峁古国横空出世，让人们不得不重新定义夏王朝以前的文明程度与国家形态。在石峁遗址发现的大量玉器，有学者认为其原材料的供应者来自更西的人群，那便是分布在甘青地区的齐家文化人群。[1] 当然齐家文化最显著的特征之一便是玉器的大量使用。据不完全统计，目前总计约 3500 余件，包括了斧、钺、刀、戚、锛、凿、璧、环、琮、璋等器类。天水市博物馆藏的三联璜、玉琮、玉璧等都是齐家玉器的精美代表。《周礼·大宗伯》中说："以玉作六器，以礼天地四方，以苍璧礼天，以黄琮礼地。"《周礼》虽成书于战国时期，内容却并非全为周代施行的礼制，而是将成书之前数千年的华夏多元文化内涵融合后，对理想社会政治制度、礼制运作的规范化构思。在天水师赵村遗址出土的齐家早期墓葬的璧、琮等玉器，被认为是礼制上"玉祭器"的滥觞，标志着公元前 2300 年前后"璧琮组配"礼制在黄河上游已发展成熟。[2] 馆藏齐家文化珍品，还有三兽足陶罐等，展示了齐家文化自身独特的审美意识和与中原夏文化之间的深度互动与交流。可以说，齐家文化在史前中国的文明进程中所贡献的文化基因和智慧是不可低估的。

二

近代历史科学的兴起，尤其是考古学的传入，不得不使我们要重新审视中国传统史学关于中国文明起源的范式。考古发现表明，中国文明有独立的起源，而中国文明的发展却是一个不断吸收外来优秀文化并与民族地域文化融合发展的历史过程。其中的一个重要实例，就是中国青铜文化的发展。

---

[1] 何驽：《华西系玉器背景下的陶寺文化玉石礼器研究》，《南方文物》2018 年第 2 期。
[2] 邓淑苹：《玉礼器与玉礼制初探》，《南方文物》2017 年第 1 期。

从距今 5000 年前东乡林家马家窑文化的铜刀，到齐家文化的青铜工具和装饰品，西北地区显示出早期青铜制造的优势。从文化传播理论来看，中原的青铜技术很可能是受到西亚文明的启发和影响。但进入夏商周时期，中国青铜器不管从制作工艺还是精美程度都独领风骚，大批青铜容器被用作礼器是其重要表现。在商周社会严格的等级制度中不仅要区别贵族与庶民，在贵族内部等级的高低也对应着不等的政治权力和经济地位。为维护宗法制度，统治集团制定出严格的行为规范——"礼"，青铜礼器被视为礼制的象征物，所使用的种类与数量的多少亦标志着贵族等级的高低。在当时流行"事死如事生"（《荀子·礼论》）的观念中，贵族死后将生前所用礼器随葬，这也间接为我们后世留下了青铜时代辉煌灿烂的物质见证。

青铜时代的天水在夏商时期不属于中原文化区，能见到的青铜制品是齐家文化和寺洼文化的兵器、工具与装饰品，仍受到中原文化的直接影响，毕竟此时文化的高地在中原腹地。作为当时中原西土边界的天水，史载为羌人、戎人的活动区，经济形态为畜牧业兼农业，因其所处的地理位置和人群构成，在东西方文明交流中扮演着重要的角色。馆藏品中除来自东边二里头文化的兽面铜牌饰外，还有两把青铜短剑和一把青铜斧，这种更西的文化因素与欧亚草原上的塞伊玛—图尔宾诺文化器物群有一定的相似性，其年代相当于齐家文化时期，也不知是齐家人的仿制还是长距离贸易所得，但当时东西文明的互动一定是超出我们的想象。

天水地区青铜文化鼎盛其实是伴随着秦人的崛起而到来。在秦人之前，渭河上游也有周人的活动迹象，麦积区出土的西周早期青铜簋，还有散布于渭河上游及其支流沿岸的西周早中期遗址点，这些充分说明小邦周剪除大邑商之后，曾在陇山以西有所作为。但周人对当地土著居民（以寺洼文化为代表的戎人）生活空间的压缩和生存资料的侵夺必定会引起强力反抗，渐渐周人势力退出陇山以西，这也为秦人登上历史舞台提供了契机。

相传 1919 年天水西南部发现先秦青铜古器，后辗转离甘至天津，金石学家罗振玉炬眼识珍，拓其铭文公布于世。国学大师王国维作《秦公敦跋》，使得该器声名鹊起，各路学者争相考释。1944 年天水学者冯国瑞整理成册，出版《天水出土秦器汇考》一书。该器便是著名的秦公簋，现藏于中国国家博物馆。可以说，该簋是目前甘肃省出土的先秦青铜器中，知名度最高、影响最大的。

"国之大事，在祀与戎。"据研究，秦公簋有可能是景公为纪念先公而制作的祭器，颂扬了家族荣耀和祖先功烈，同时也透露出秦人宗庙有可能在天水西南部的信息。20 世纪 80 年代末，礼县大堡子山古遗址被盗掘，有铸铭为"秦公"的青铜重器现身海外。经国内各方回购和相关机构追查，以及甘肃省考古机构的抢救性发掘，确定被盗大墓中有两座"中"字形墓，墓主当是春秋早期两位秦公。这些流散文物均出于此。2004 年，由北京大学、西北大学、中国国家博物馆、甘肃省文物考古研究所、陕西省文物考古研究院五家单位组建"早期秦文化联合考古队"，开展对秦人早期历史的探索和秦人文物的发掘与保护，先后对西汉水流域、牛头河流域、渭河上游进行考古调查，同时发掘了礼县西山、鸾亭山、大堡子山、清水李崖、甘谷毛家坪等遗址，使得史料里"在西戎，保西垂"的秦人真真切切走到了我们的面前。

文献记载，早期秦人是在与西戎部族的不断斗争中壮大起来的。秦人从东边西迁于此，从西周早期至春秋早期，与陇右土著争夺生存空间和资源，免不了大打出手，使得秦人在这个充满血腥的

法国归还礼县金箔饰片

较量中发展壮大，并建立国家。西戎是对当时西北少数民族的泛称，这些民族种姓繁多、文化面貌有别。这一时期的考古学文化主要是寺洼文化，代表性器物是马鞍口形罐。当时早期秦都邑西犬丘也曾一度被戎人攻占，后来在周王朝的帮助下才重新夺回。后来秦人逐步发展壮大，到了春秋五霸之一的秦穆公时期，"益国十二，开地千里，遂霸西戎"，戎人急剧衰落乃至消亡。这批戎人或与秦人融合，如甘谷毛家坪遗址发现戎人遗存；或被秦国、晋国迁徙至子午岭以东；还有南下川西与当地土著合流形成的石棺葬文化。[1]春秋末年，一支由北方草原地区南下的戎人占据陇山东西两侧，并渐趋强大，如义渠戎、乌氏戎等。天水北部的张家川县、清水县、秦安县均发现战国戎人墓地。特别是张家川马家塬墓地，出土了大量精美的随葬器物，特别是各类装饰品，遍饰于大墓的随葬车马与墓主人身体，与中原文化有很大的差异。如各种动物造型的金箔片，各种几何纹样的镂空车饰件，这些精美物件也是现在天水市博物馆馆藏西戎遗物的主要组成。从墓葬的奢华程度来看，这里的戎人虽在秦人羁縻统治之下，但还是有相当的自治权，并经常往来于欧亚草原开展商贸活动，积攒了大量的财富，但也为秦人带来了多元的文化元素。

张家川回族自治县博物馆藏
马家塬出土青铜茧型壶

　　秦文化在甘肃东南部地区逐渐发展成熟，离不开秦人兼容并蓄、自强不息的族群特性。他继承了商文化人殉、人祭、腰坑、殉狗、

---

[1] 赵化成：《秦人来源与早期秦文化的考古学探索》，蔡庆良、张志光主编《嬴秦溯源—秦文化特展》，台北故宫博物院，2016年。

车马殉葬等代表族源性的固有葬俗，又借鉴了周文化的宗庙、朝寝、用鼎、乐悬等制度以及周式风格的陶器、文字等文化因素，还吸收了西戎文化的洞室墓、屈肢葬、金器、动物纹装饰等元素。秦人在陇右塑造了自身的精神、制度和文化底蕴，这为秦人东进关中甚至攻灭六国奠定了基础。秦帝国创建了统一的中央集权国家，其所创造的政治模式、行政和礼仪制度以及对国家版图的开拓，对后来的中国产生了决定性的影响。

三

"大风起兮云飞扬，威加海内兮归故乡，安得猛士兮守四方！"当汉高祖刘邦平定英布之乱，荣归故里，击筑吟唱这首《大风歌》时，预示着这个新的王朝必定大气磅礴。

从汉初休养生息、无为而治；经文景之治，平七国乱；到武帝国力强盛，思想上独尊儒术，以及对匈奴战争的胜利、丝绸之路的正式开通，汉王朝步入了黄金时期。也是在武帝时期，天水郡设立，与"张国臂掖，以通西域"的张掖郡名字不同，"天水"郡名的由来还是个谜。《汉书·地理志》云："天水郡，武帝元鼎三年置……户六万三百七十，口二十六万一千三百四十八。县十六：平襄、街泉、戎邑道、望垣、罕开、绵诸道、阿阳、略阳道、冀、勇士、成纪、清水、奉捷、陇、豲道、兰干。"这里地缘广大，民丰物实，是西汉王朝向西扩展的军事大后方，也是丝绸之路的通衢重镇，还是都城长安的西部屏障，素有"西倚天门，东扼陇坻"之称。如此重要的地理位置，注定会留下丰富的物质文化遗产。

汉承秦制，除了因循秦的"百官之职"和"郡县之制"外，还将秦人的物质文化继承了下来，诸如茧形壶、蒜头壶、鍪等器皿和陶仓囷等。馆藏西汉文物中不乏蒜头铜壶、铜鼎以及较特殊的凫首铜壶等。馆藏金掐丝焊珠蟠螭纹带扣，其优美的造型和繁缛的工艺均体现了汉代权贵人士的审美意趣和对财富的渴望。模型陶明器随葬之俗，在西汉中期以后日益发达，如馆藏陶质家禽和牲畜，陶质井、仓以及四合院等。到了东汉，模型明器种类更加繁多，特别是绿釉陶明器随葬成了那个时代的风尚，形成了一套象征庄园生活的浓缩明器群。

天水市博物馆藏秦州区王家磨出土绿釉陶器组图

铜镜作为生活日用品，存世数量大，直接反映着那个时代人们的生活需要和审美追求。镜背面通常铸有精美的图案，有时还有一些吉祥用语的铭文。馆藏铭文镜，铸有"长宜子孙""君宜高官""位至三公"等铭文，代表了古代中国人绵延子孙的心愿，期盼后代能出将拜相，光耀门楣。西汉末年谶纬大盛，铜镜仿照天象而做，镜背周边常有天干、地支以及四神、八卦、二十八宿，还有"见日之光，天下大明""内清质以昭明，光辉象夫日月"的铭文。"天圆镜也圆，明澈而又神秘的镜子，仿佛就是'天'的象征，仿效'天'的构造，模拟'天'的运行，遵循'天'的规则。"[1]

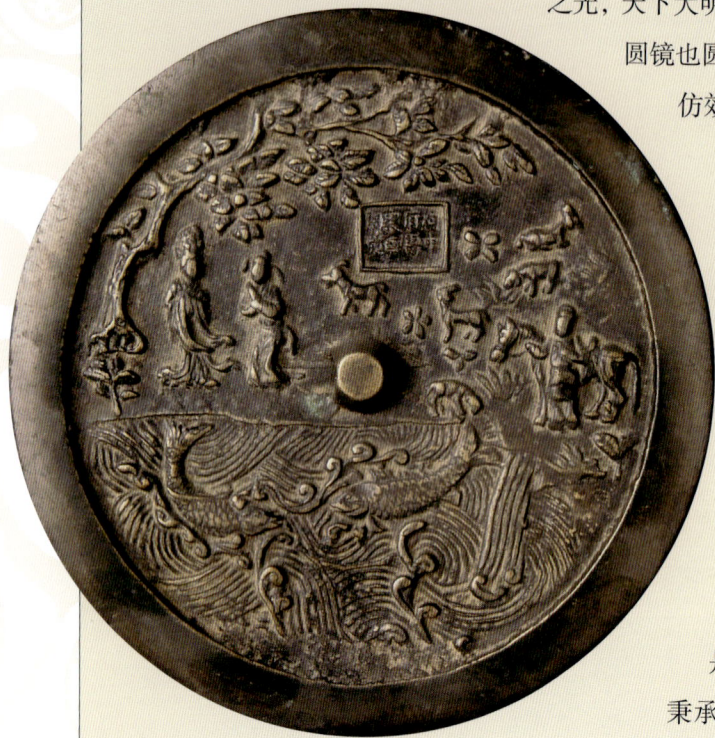

天水市博物馆藏
柳毅传书铜镜

"天下大势，分久必合，合久必分。"《三国演义》以此开篇。这是个华丽的乱世，一个英雄豪杰大显身手的时代。从东汉末年到西晋统一，六七十年间处于分裂割据状态，但分裂中也有小统一，公元220年形成了魏、蜀、吴三足鼎立的局面，结束了东汉末年的全国性动乱，军事斗争转为三家之争。天水地区在东汉中期以来一直处于豪强割据、羌氏自治的境况。三国时期，天水处陇右要塞，是魏、蜀争锋之地。蜀汉以恢复汉室基业为己任，秉承"汉贼不两立，王业不偏安"的信念，诸葛亮继承先帝遗愿扛起北伐大旗。著名的街亭之役、六出祁山、智收姜维等均发生在这里，而接替诸葛丞相继续北伐大业的蜀汉名将姜维就是天水冀县（甘谷）人，这些人和事件都诉说着三国时期天水的故事。馆藏铜弩机等兵器，真实地反映了当时剑拔弩张的军事对抗情形。出土于当地的"魏率善氐仟长""晋率善羌佰长"等铜印，表明基层军事组织的建构、与当地民族的关系维护都是关乎政权的重要举措。

两汉之际，佛教由西域传入中国。史载，汉明帝夜梦金人，遂遣使西去求经，迎归洛阳，安置在白马寺，是为佛教传入中国的开始。起初佛教并没有被广泛接受，经过曲折的传播，至三国以后日益增盛。这与长期战争、民不聊生不无关系，天道既不足凭，生命也无保障，佛教所倡导的因果报应的宿命论和众生平等、成佛得救的思想正好使处在乱离世局中的人们得到身心的慰藉。魏晋以来，人们纷纷开窟建寺，天水处丝绸之路之要冲，保留下了大量从西土传播而来的佛光圣迹，书写出了中国佛教文化史上浓墨重彩的一页。如始建于后秦时期的麦积山石窟，北魏时期开凿的仙人崖石窟、鲁班山石窟，北周时期开始凿建的水帘洞石窟等，都表明天水当时佛教活动非常兴盛，并由此获得"百里石窟走廊"的称号。其中麦积山石窟被誉为"东方艺术陈列馆"，代表着陇右石窟艺术的最高成就。而这一时期天水的佛教造像也是精美绝伦，馆藏北魏四面佛石造像塔，造像或坐姿

---

[1] 葛兆光：《中国思想史》第一卷，复旦大学出版社，2001年，第208页。

安详，或跣足站立，或身形飘逸、衣袂飞起。出土于秦安县的权氏造千佛碑，刻碑发愿于"大魏大统十二年"（546年），碑四面雕刻，碑首四龙蟠交，碑面龛内一佛二菩萨二弟子，中间以千佛为主，下部为供养人与车马出行图。这种造像艺术与北朝盛行的禅宗观念有关，而带纪年的西魏造像碑存世并不多，是研究西魏佛教艺术风格向北周时期转变的珍贵实物资料。现立于清水县赵充国陵园内的鲁恭姬造像碑，碑文显示为天和二年六月，"天和"乃北周武帝宇文邕的年号，"二年"即公元567年。该碑高200厘米，宽85厘米，厚56厘米。从铭文可知，此碑由"左员□□郎南阳枹罕二郡太守清水句法袭"为其亡妻鲁恭姬所造。现为全国重点文物保护单位，历史、学术、艺术价值弥足珍贵。

麦积山133窟东方微笑

麦积山秋景

四

《新唐书》云："金吾引驾骑，北衙四军陈仗，列旗帜，披金甲、短后绣袍，□□□太常卿引雅乐，每部数十人，间以胡夷之技。内闲厩使引戏马，五坊使引象、犀，入场拜舞。宫人数百衣锦绣衣，出帷中，击雷鼓，奏《小破阵乐》，岁以为常。"唐玄宗早年励精图治，开创盛世，面对这朝气蓬勃的盛世气象，他志得意满，遂"以生日宴百官于花萼楼下"。金甲卫士、胡风宫乐、舞马衔杯……这是玄宗的荣耀；百官称颂、万国来朝，君临天下……这更是李唐的盛世景况。

隋唐帝国时期，经济发达、文化昌盛，中外交流空前频繁，与汉代并称"汉唐盛世"。开此盛世的李唐祖籍陇西，是关陇集团的重要家族。天水处陇右近京师，具有比较优越的地理位置，随着丝绸之路的繁盛，天水经济也达到了一个顶峰阶段，可谓"天下富庶无如陇右"。那些遗留至今精美绝世的文物，引发了后人无尽的怀想和追慕。如馆藏陶舞马，灰白陶胎上多部位涂红，马身备鞍鞯，头饰鞦、辔、勒，前左蹄提起，马首长鬃灵动潇洒，张嘴似醉态状。正如唐诗所赞："随歌鼓而电惊，逐丸剑而飚弛……婉转盘跚殊未已，悬空步骤红尘起。"最能见证漫长"丝路"者，当属有"沙漠之舟"之称的骆驼。馆藏陶骆驼，曲颈昂首，四肢劲健，满载沉重的背囊，虽没有骏马的鞍辔鲜明，但不乏趾高气昂的风姿。它们跋涉在大漠崇山之间，驼铃声冲破平沙茫茫的沉静，将中国丝绸等商品运往西方，又带回远方的特产，使得长达七千公里横贯亚洲的古代商路延续达两千年之久。在这条艰辛险阻的商路上，与骆驼相伴的还有来自索格狄亚那的旅行家和商人们。他们是中亚的粟特人，远离故土，踏上异国他乡，往来于大陆的东西两端。在开放富庶的唐朝境内，不断有粟特人定居下来，甚至还担任朝廷的官职。天水石马坪遗址曾出土两具石棺床，一件流出海外被法国吉美博物馆收藏，还有一件藏于天水市博物馆，都是粟特人留下的艺术珍品。该石棺床由17方画像石和8方素面石条组合成围屏式石榻，年代在北朝至隋代时期，整幅画面以主人夫妇对坐宴饮为中心，分别刻出宴饮、车马出行、亭台楼阁、狩猎等，生动展现了墓主人的日常生活以及祆教祭祀等主题。随葬品中还出土同类墓较少见的石质伎乐俑，以及鸡首壶、金钗、石枕等。

隋唐时期是中国佛教发展的高峰期，统治者对佛教的尊崇，使得丝绸之路上大量商人也加入信奉佛教的行列。天水作为丝绸之路东西交流的重要节点，商贸兴盛，文化繁荣。当玄奘西行过秦州，寺院浮图已遍及境内，甘谷大像山开凿的弥勒大佛威严祥和、仪容庄重，武山木梯寺石窟泥塑彩绘妙相庄严，建于隋唐之际的南郭寺佛舍利塔已声名在外，甚至杜甫来天水登南郭寺时都要作诗称赞。市馆藏鎏金铜十一面观音像，传为天水水月寺传世品，六臂十一面，跣足而立，造像下层为四层七宝台，上层为十一面观音像。据佛典记载，十一面像代表了"慈悲相""嗔怒相""白牙上出相""暴恶大笑相"，以及顶上一面"佛面像"。这一件造像精品是古代天水地区汉传密教观音信仰繁荣的珍贵实物资料。

755年爆发的"安史之乱"，是中国历史上一次重要的历史事件，也是唐朝由盛而衰的转折点。陇右之地似隔陇山，京城之人以为太平，官居京城的诗人杜甫于肃宗乾元二年（759年）为躲避战乱，辞官度陇关，客秦州、寓同谷，投靠亲属，然到秦州后却发现景象并非所想，"满目悲生事……西征问烽火""降虏兼千帐"。在此景况下，杜甫创作了一百余首诗作，称作"杜甫秦州诗作"，开创了流寓诗歌新境界，在杜甫诗作创作中具有里程碑的意义。清顺治十一年（1654年），出任分巡陇右道的宋琬选取其六十首，集"二王"书体镌刻成石，名为《杜少陵流寓诗》，后人又美誉其为"二妙轩"，为天水人民留下了一份宝贵的文化遗产。

实际上，秦州无法躲避战乱。吐蕃攻据河陇大片土地，天水也被控制近一个世纪。后吐蕃内乱，起义军与唐军相继收复失地，但国力日衰的唐朝对很多地方仅是名义上的收复。唐亡以后，接着又是半个多世纪的军阀混战。五代虽短短五十余年，但天水先后为秦岐、前蜀、后唐、后晋、后周等割据政权占据。"陈桥兵变"，赵匡胤建立北宋政权，陇右大部仍被吐蕃各部占据。秦州中部和东南部归属宋，为北宋边境地区，汉族与吐蕃、羌族等少数民族杂处混居。后来西夏党项崛起，宋朝北防辽西御夏，秦州所处战略前沿地位愈发重要。到了南宋时期，天水地区更是成为宋金你进我退、频繁易手之地。长期以来，宋朝统治者因地制宜，在秦陇地区大修堡寨，成为保卫边境的"藩篱"和进攻的基础，现在天水境内还留有一些宋金时期的堡寨遗迹。

宋金时期，秦州虽处边境，战乱频繁，但统治者却在这里置榷场，兴贸易，使天水的市马、茶马等十分发达，秦州经济社会得到了一定程度的恢复和发展，也遗留下不少文化印记，如大量的摩崖题记和碑刻。麦积山各石窟壁及走廊、阶梯等保存的墨书和石刻达50余处，仅南宋一朝就留有25处。[1] 同时麦积山、仙人崖、罗汉崖、水帘洞、木梯寺等石窟在宋金时期也重塑或重修了大量的雕塑、造像和壁画等。天水境内发现数量较多的宋金砖室墓也是这一时期重要文化遗存。墓内结构和装饰多为仿木构建和砖雕彩绘，题材为二十四孝等孝道文化，同时还有宴饮出行、妇人启门、佛道乐伎等图像。这些都是研究宋金时期建筑、雕刻、宗教、戏曲、音乐和绘画等方面的重要实物资料。而墓葬陪葬器物中，最引人注目的当属耀州窑系的青瓷，宋人称"巧如范金，精比琢玉"，为中国古代北方青瓷的代表。馆藏瓷器中，耀州窑瓷器占绝大多数。

天水市秦州区中梁乡师家湾宋墓

蒙古人建立元朝，分裂的中国再次统一，虽然短短90年的统治，却为后来明清两代社会大发展和国家版图奠定了基础，自此天水不再是边地。作为反映那个时代物质文化发展最高成就的元钧窑瓷器绚丽绽放，但其实已是中国瓷器史上强弩之末而又即将诞生以青花瓷为代表的一个新时代。馆藏的带有窑变釉红斑钧瓷碗耀眼夺目。明清两代是商品经济和社会发展最充分的时期，城镇集市在工商业的刺激下数量激增。秦州城在此阶段人口增多，城区民居密集，形成了东关、大城、中城、西关和伏羲城五城相连的城市格局，经济和人文的频繁交流，为今天的天水遗留下了许多艺术品和生活用品，从馆藏品中精美的玉器、瓷器、字画和家具等就可见一斑。

唐晚期以后经济重心南移，宋金时期少数民族政权割据且西北战乱频繁，陆上丝绸之路几乎停滞，到了明清两代整个西北地区的经济社会发展已显落后。但在这文化底蕴深厚的秦州大地上还是走出了像门克新、胡缵宗、胡来缙、巩建丰、安维峻等在历史上享有盛名的名家大儒。特别是胡来缙、胡忻父子他们所建造的府第（南宅子和北宅子），虽不比江南名园，但也是西北地区民居建筑的典范之作。同时，明清以来还修建和扩建了许多宗教建筑和文化场所，如今保存下来的伏羲庙、玉泉观、北关清真寺、纪信祠、文庙、陇南书院等都是此时期木构古建筑的精华。

---

[1] 阎文儒：《麦积山石窟》，甘肃人民出版社，1984年版，第42~58页。

胡氏古民居（南宅子）俯瞰图

　　清末以降，西方列强用坚船利炮敲开了古老帝国的大门，但同时也输入了一些工业技术和文化思想，引发和加速了中华文明由传统农业文明向近代工业文明的转型，也出现了对历史反思的思潮和对新鲜思想理论的接受，从而开始迈向近代文明。天水由此也开启了近现代工业的序幕，特别是五四运动前后，相继诞生了诸如炳兴火柴、荣氏面粉、陇南机器局等工厂，是当时甘肃省工业最发达的地区。百余年来，面对中华民族的屈辱史，传统文化被质疑被批判，在中国共产党的领导下，经过多代人的努力，我们终于踏上了民族复兴之路，文化自信日益坚定。

　　人类走来的脚印，是从我们日常生活中的吃、穿、住、行，以及思考习惯中一步步串联起来的。如今躺在博物馆库房里、立在博物馆展台上的"老古董"，不仅是人们生产生活、社会活动和艺术行为的遗物，还是一个民族文化兴盛发展的象征。正是因为有文物的收藏与展示，才会让我们看得见岁月的留痕，记得起历史的演变，留得住文化的根脉。

　　《八千年的记忆——天水市博物馆历史文物通史陈列》，是以文物为主、文字和图片为辅诉说天水历史，展示了天水从大地湾一期文化开始至明清乃至民国时期的变迁。以此长文作为序言，既可看作是此展览文物的信息串联，也是天水历史的缩影。

　　是为序！

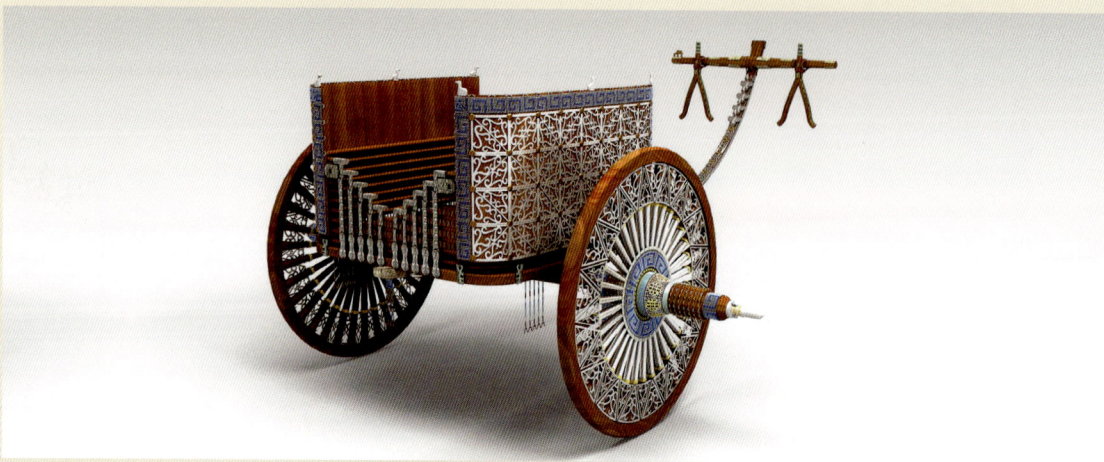

甘肃省文物考古研究所复原张家川马家塬马车图

前　言

　　天水地处中国地理几何中心，位于甘肃省东南部，横跨黄河、长江两大流域。东临陕西，南通巴蜀，西至兰州，北达宁夏。现辖秦州、麦积两区，武山、甘谷、秦安、清水、张家川回族自治县五县，总面积 1.43 万平方公里。远古文明的曙光、秦戎相争的风云际会、中古时期中西文化交流、宋元明清秦州古城的发展，八千年的文化印记，丰厚的文化遗存，在中国历史长河中书写了辉煌灿烂的一页。

　　"八千年的记忆——天水市博物馆通史陈列"，是天水市博物馆 2018 年在原有历史文物陈列基础上重新提升改造而成，展览由序厅和历史文物陈列厅两部分组成。序厅主要展示天水的伏羲文化、大地湾文化、早期秦文化、三国古战场文化、佛教石窟文化和民俗文化；历史文物厅以"文化天水"为主线，以历史时代为顺序，采取以物映文、以文说史的形式，共展出从新石器时代到明清时期的各类文物 380 余件，并辅以重要文物和文物保护单位的图版、简表、文字介绍，全面展示了天水地区丰富的历史文化遗存、悠久的历史和灿烂的文化。

　　本书是在"八千年的记忆——天水市博物馆通史陈列"展览大纲的基础上，以天水市博物馆能够反映天水历史文化面貌的馆藏精品文物为重点，辅之以天水地区出土的藏于其他文物机构的重点文物，旨在展示天水八千年历史文脉和文明成就。全书共分为文明曙光、嬴秦故园、两汉物华、魏蜀兵戈、渭水梵音、隋唐盛景、茶马大市、古城遗韵 8 个部分，撷集天水文物精萃，在展现天水自旧石器时代至明清时期完整历史序列的同时，突出独具天水特色的历史文化资源。

　　过往凝成序章，未来尽在前方。讲好文物故事，是对八千年印记的最好传承；讲好天水历史，是对历史文化遗产的最高敬畏。希望更多的人能通过本书了解天水市博物馆馆藏精品文物，了解天水的文化历史。

编者

2021 年 6 月

目　录

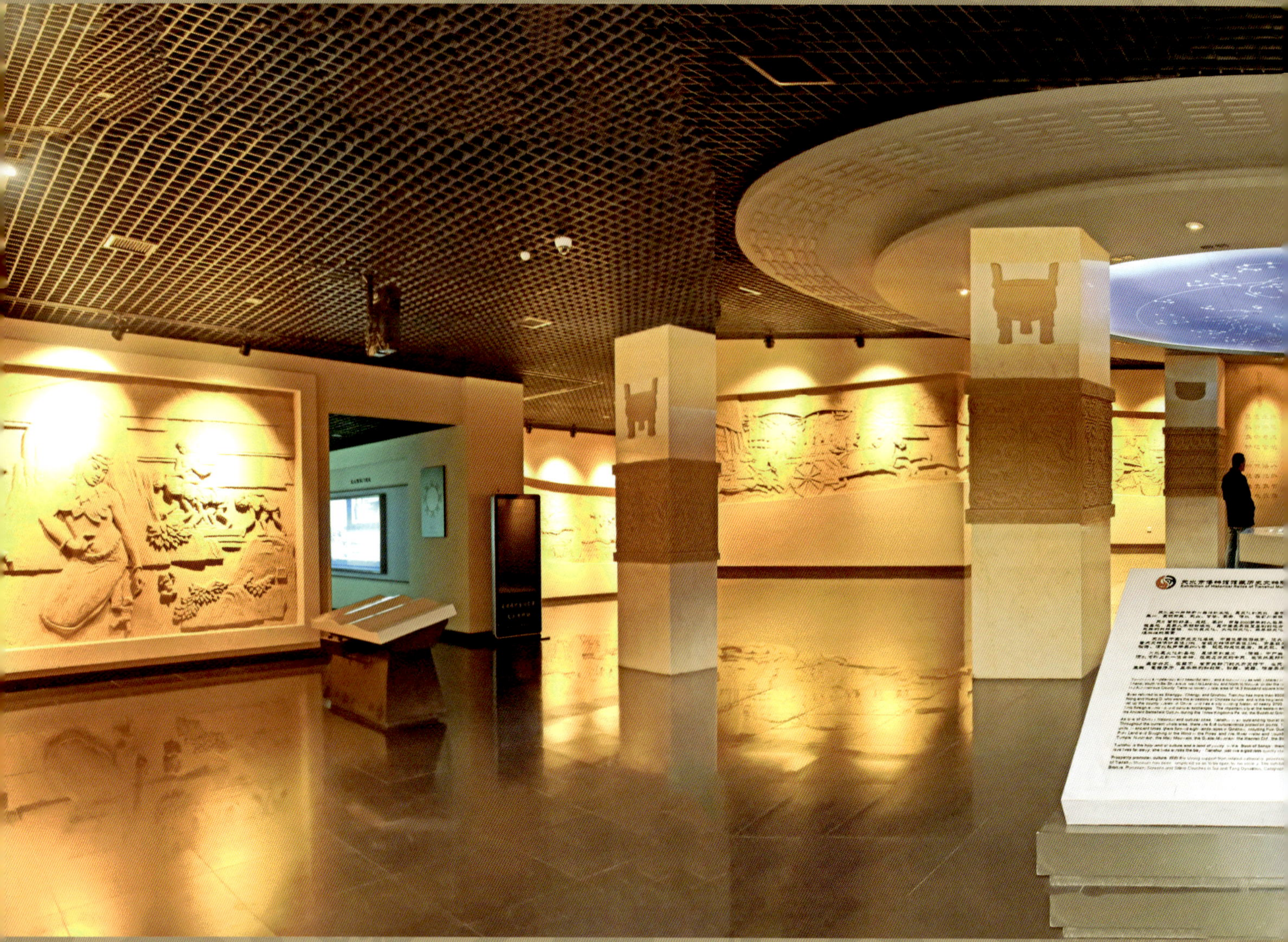

序　厅

　　序厅以"走进天水"为主题，揭开了天水市博物馆历史文物陈列的序篇。采用浮雕等手段，集中展示以天水伏羲文化、大地湾文化、早期秦文化、三国古战场文化、佛教石窟艺术为代表的天水历史文化以及重要遗址和人文景点。

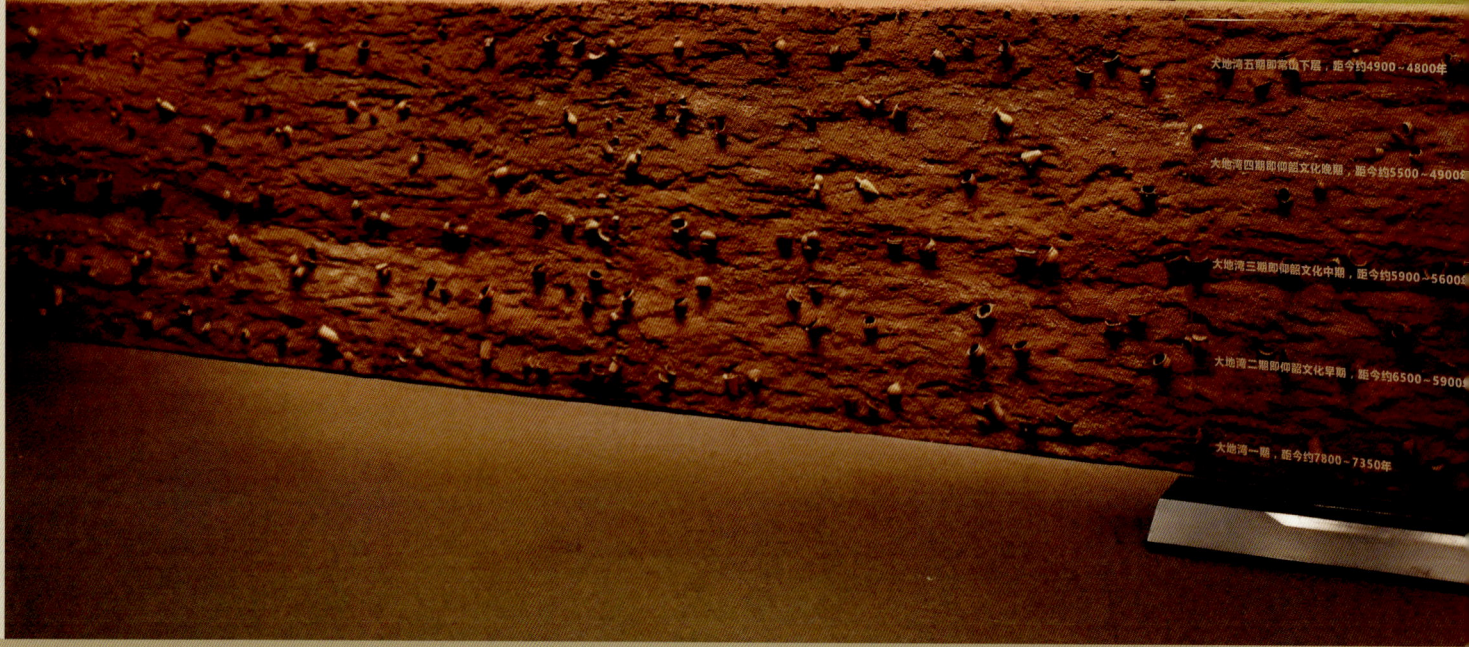

大地湾五期即常山下层，距今约4900～4800年

大地湾四期即仰韶文化晚期，距今约5500～4900年

大地湾三期即仰韶文化中期，距今约5900～5600年

大地湾二期即仰韶文化早期，距今约6500～5900年

大地湾一期，距今约7800～7350年

第一部分　文明曙光

天水山川连绵、河流众多，渭河横穿全境。境内发现的距今六万年的大地湾早期人类活动遗迹和距今三万八千年的武山人头骨化石证明，早在旧石器时代晚期，远古先民就在这里繁衍生息。新石器时代，天水大地湾、西山坪、师赵村、傅家门等遗址的考古发现表明，先民们已能在这里进行比较复杂的劳动创造。已发现的早期房址、黍、彩陶、刻划符号、宫殿遗址、地画等遗存，是迄今我国新石器时代考古发现的重要成果。天水因之成为中华民族和文明的重要起源地之一。

文明曙光
【史前时期】

天水山川连绵，河流众多，渭河横穿全境。境内发现的距今6万年的大地湾早期人类活动遗迹和距今3.8万年的"武山人"头骨化石证明，早在旧石器时代晚期，远古先民就在这里繁衍生息。进入新石器时代，从天水大地湾、西山坪、师赵村、傅家门等遗址的考古发现表明，先民们已能在这里进行比较复杂的劳动创造。已发现的早期房址、黍、彩陶、刻划符号、宫殿遗址、地画等遗存为迄今我国新石器时代考古发现重要的文明成果。天水因之成为中华民族和文明的重要起源地之一。

The Dawn of Civilization
Prehistoric Period

There are rolling mountains and rivers. Weihe River across the whole territory of Tianshui. The 60000-year-old early human activities remains of Dadiwan and the 38000-year-old Wushan human skull fossil which proved that the ancient ancestors lived here as early as the late paleolithic age. In the neolithic age, archaeological findings such as Dadiwan, Xishanping, Shizhao Village, Fujiamen and other sites showed that the ancestors had been able to perform complex labor creation. The discovered sites, millet, colored pottery, engraved signs, palace ruins, paintings and other remains have become the earliest achievements of the archaeological discoveries in our country. Tianshui has become one of the important origins of Chinese nation and civilization.

新石器时代文化的兴起和繁荣

　　从距今约 8000 年左右的大地湾一期文化开始，天水进入新石器时代中期，至齐家文化时期，绵延长达 4000 余年。目前已发现的各类新石器时代遗址多达 500 余处。文化类型众多，积淀深厚，能够完整地再现甘肃东部地区新石器时代考古学文化发展序列。

天水新石器时代考古学文化发展序列表

文化及类型		时代	主要文化遗存
大地湾一期文化		前 6200～前 5400 年	秦安大地湾遗址一期、天水西山坪遗址一期
师赵村一期		前 5300～前 4900 年	天水师赵村遗址一期、天水西山坪遗址二期
仰韶文化	半坡类型	前 4800～前 3800 年	秦安大地湾遗址二期、秦安王家阴洼遗址、天水师赵村遗址二期、天水西山坪遗址三期
	庙底沟类型	前 3900～前 3500 年	秦安大地湾遗址三期、天水师赵村遗址三期、天水西山坪遗址四期
马家窑文化	石岭下类型	前 3800～前 3200 年	秦安大地湾遗址四期、天水师赵村遗址四期、天水西山坪遗址五期、甘谷灰地儿遗址、武山傅家门遗址、武山石岭下遗址
	马家窑类型	前 3400～前 2700 年	天水师赵村遗址五期、天水西山坪遗址六期、天水罗家沟遗址、秦安焦家沟遗址、甘谷灰地儿遗址、甘谷礼辛镇遗址、武山傅家门遗址
	半山、马厂类型	前 2500～前 2000 年	天水师赵村遗址六期、天水西山坪遗址七期、甘谷礼辛镇遗址
齐家文化		前 2100～前 1900 年	天水师赵村遗址七期、天水西山坪遗址八期、天水七里墩遗址、甘谷毛家坪遗址、武山西旱坪遗址、武山观儿下遗址、武山傅家门遗址

天水市主要新石器时代遗址分布图

铜堡梁遗址

苗圃园遗址

东峡水库

张家川回族
自治县

大地湾遗址

秦安县

清水县

礼辛镇遗址

滴水略遗址

永清堡遗址

狼叫山遗址

东皋坪遗址

灰地儿遗址

清水峪遗址

毛家坪遗址

樊家城遗址

天坪头遗址

武山县

西旱坪遗址

甘谷县

卧台山遗址

种谷台遗址

观儿下遗址

天水市
(秦州区)

麦积区

师赵村遗址

西山坪遗址

西郡寺遗址

张罗遗址

柴家坪遗址

马跑泉遗址

5

大地湾文化

大地湾文化，又称大地湾一期文化，因发现于天水市秦安县五营乡邵店村大地湾遗址而得名。与天水西山坪 一期同期，距今约8200~7400 年，是迄今为止黄河上游地区发现的最早的新石器时代文化遗存。发现的炭化黍、油菜籽等是我国发现最早的旱作农作物遗存。

石球

大地湾一期

直径 5.2 厘米；重 200 克

1988 年西山坪遗址发掘出土

褐色。表面粗糙，呈不规则球状。

研磨器

大地湾一期

长 6.5 厘米，宽 4.5 厘米，高 6 厘米；重 210 克

天水市博物馆旧藏

褐色。表面粗糙，呈不规则圆锥形。下底边缘上部有凹槽一道，底面有使用痕迹。

灰陶三足深腹罐

大地湾一期

口径 19.3 厘米，高 30.5 厘米；重 1380 克

大地湾遗址出土，2013 年甘肃省文物考古研究所拨交

泥质灰陶。侈口，深腹，底部有三足。器物表面饰绳纹。

灰陶深腹罐

大地湾一期

口径 15.6 厘米，高 30.1 厘米；重 920 克

大地湾遗址出土，2013 年甘肃省文物考古研究所拨交

泥质灰陶。侈口，深腹，底部有四孔。表面饰绳纹。

宽带纹彩陶圜底钵

大地湾一期

口径 29 厘米，高 10.7 厘米；重 780 克

大地湾遗址出土，2013 年甘肃省文物考古研究所拨交

细泥红陶。敞口，浅腹，圜底。外壁口沿下饰宽带纹；器表饰有交错篦纹。

彩绘符号陶片

大地湾一期

陶片分别长 10 厘米，7.8 厘米，7.2 厘米

大地湾遗址出土，甘肃省博物馆藏

在大地湾文化的一些彩陶钵上，绘着红色的独体符号，已发现有"↑""＋""×""｜｜"等十余种，是仰韶文化半坡类型彩陶钵刻划符号的前身，对研究中国古文字的发展源流有着重要的意义。

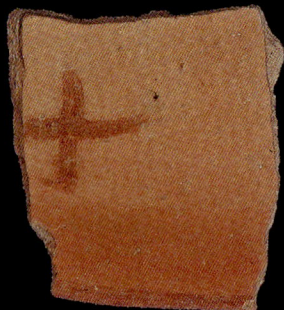

大地湾一期

陶片分别长 10 厘米，7.8 厘米，7.2 厘米

大地湾遗址出土，甘肃省博物馆藏

宽带纹三足彩陶钵

大地湾一期
口径 27.3 厘米，高 12 厘米
大地湾遗址出土，甘肃省博物馆藏

夹砂红陶。敞口，弧壁，圜底，三锥足。口沿外绘红色宽带纹，内
绘一圈红色窄线纹；下腹饰交错篦纹。

绳纹圈足碗

大地湾一期
口径 17.8 厘米，高 7.2 厘米
西山坪遗址出土，中国社科院考古研究所藏

细砂灰褐陶。敞口，齿状唇，斜弧腹，圜底下附圈足。通体饰交错篦纹。

炭化黍

大地湾一期

大地湾遗址出土，甘肃省文物考古研究所藏

大地湾一期房址

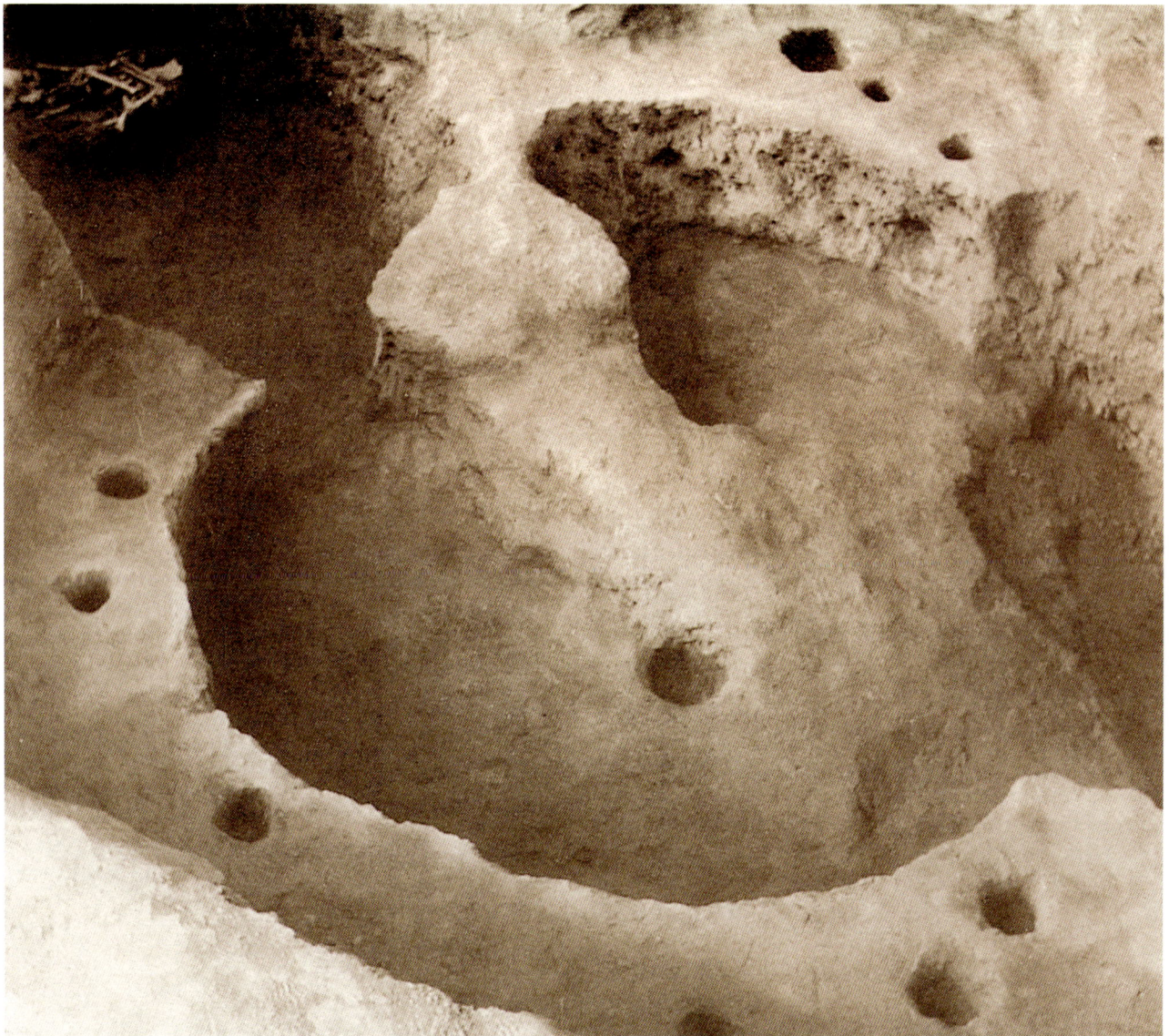

师赵村一期

因发现于天水市秦州区太京乡师赵村遗址一期遗存而得名。距今7300~6900年，是大地湾文化向仰韶文化半坡类型过渡的阶段。这一时期，人们以原始锄耕农业为主，兼有狩猎、捕鱼等渔猎活动，同时制作陶器、石器等生活、生产用具。

石斧

师赵村一期
长 14.5 厘米，宽 6 厘米；重 500 克
师赵村遗址出土

黑色。斧首弧圆，自首部至刃部逐渐加宽，下端双面开刃，磨制精细，刃口一侧高，一侧低，呈弧形斜面。

红陶三足罐

师赵村一期

口径 15.4 厘米，高 40.7 厘米

师赵村遗址出土

泥质红陶。直口，溜肩，鼓腹，腹下斜收，底承三足。器表拍印绳纹。

红陶三足罐

师赵村一期

口径 15.4 厘米，高 40.7 厘米

师赵村遗址出土

石凿

师赵村一期
长 10.5 厘米，宽 2 厘米；重 100 克
师赵村遗址出土

黑色。体细长上宽下窄；双面平等开刃，刃部略呈弧形；体腹宽
厚为四面体；两侧面平等略鼓；凿脊有锤击剥石痕迹，形成不规
则台面。

石凿

师赵村一期
长 10.5 厘米，宽 2 厘米；重 100 克
师赵村遗址出土

仰韶文化

因 1921 年首次发现于河南省渑池县仰韶村而得名，是黄河流域重要的新石器时代文化。天水地区的仰韶文化以大地湾二期至四期为典型，经历了早、中、晚三个发展阶段，距今 6800~5500 年。这一时期，先民们的生产活动以农耕和渔猎为主，制陶和编织等手工业也很发达，出土了数量众多的生产、生活用具。

鱼纹彩陶圜底盆

仰韶文化半坡类型

口径 40.7 厘米，高 15.5 厘米；重 2595 克

2014 年个人捐赠

细泥红陶。侈口，浅腹，圜底。外壁口沿下饰黑彩绘变体鱼纹。

变体鱼纹彩陶圜底盆

仰韶文化半坡类型
口径 42.9 厘米，高 15 厘米；重 2340 克
2014 年个人捐赠

细泥红陶。侈口，束颈，浅腹，圜底。外壁口沿饰一圈黑彩
宽带纹，上腹部饰黑彩绘变体鱼纹。

葫芦形口红陶尖底瓶

仰韶文化半坡类型（大地湾二期）

口径 5.6 厘米，高 93.3 厘米；重 6700 克

2009 年个人捐赠

泥质红陶。器形整体细长，呈梭形，葫芦形小口，长弧腹，尖底。腹中部两侧有对称双耳，器表饰弦纹。

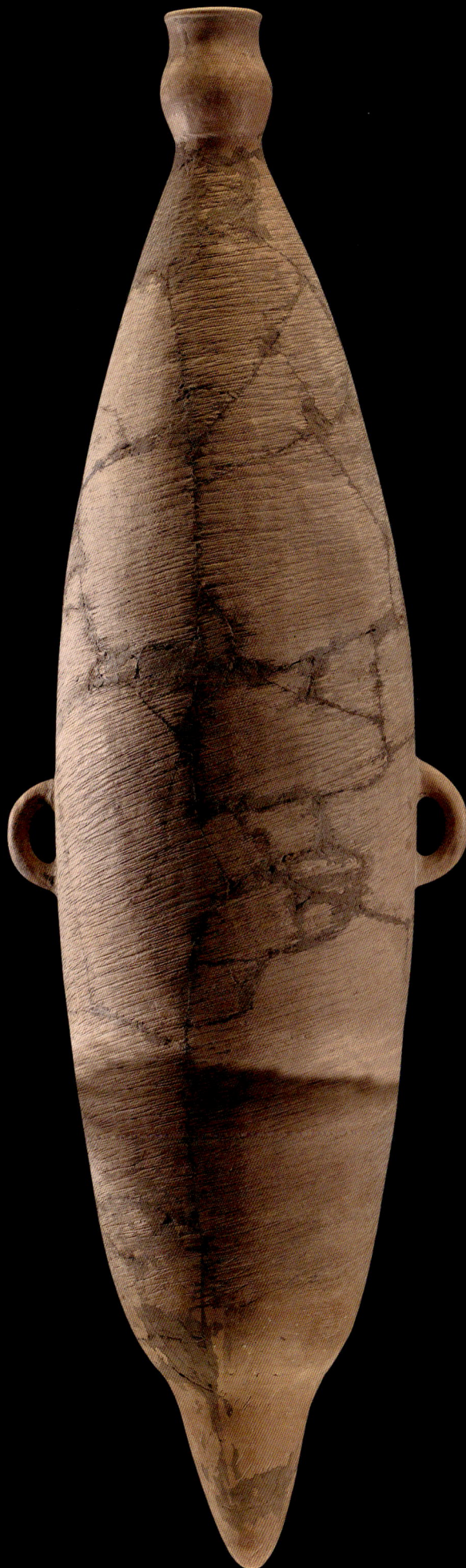

弦纹红陶平底罐

仰韶文化半坡类型（大地湾二期）
口径 11.2 厘米，高 13.5 厘米；重 780 克
大地湾遗址出土，2013 年甘肃省文物考古研究所拨交

夹砂红陶。侈口，双唇，短颈，斜腹下折，小平底。器表饰弦纹。整器泥条盘筑而成。口沿处有慢轮修整痕迹。

宽带纹彩陶圜底钵

仰韶文化半坡类型（大地湾二期）

口径 13.6 厘米，高 8.2 厘米；重 410 克

大地湾遗址出土，2013 年甘肃省文物考古研
究所拨交

细泥红陶。敛口，浅腹，圜底。口外壁饰宽带纹。

宽带纹彩陶圜底钵

仰韶文化半坡类型（大地湾二期）

口径 17.2 厘米，高 6.8 厘米；重 470 克

大地湾遗址出土，2013 年甘肃省文物考古研
究所拨交

泥质红陶。微敛口，浅腹，圜底。口外壁饰
宽带纹。

陶纺轮

仰韶文化半坡类型（大地湾二期）

直径 5.5 厘米，厚 0.7 厘米；重 20 克

大地湾遗址出土，2013 年甘肃省文物考古
研究所拨交

泥质红陶。轮壁表面规整，中部有穿孔。

斜线三角纹彩陶圜底盆

仰韶文化半坡类型

口径 19 厘米，高 8.5 厘米

天水市出土，甘肃省博物馆藏

泥质橙黄陶。侈口，圆唇，直腹，圜底。外壁用黑褐彩绘对三角纹与平行线纹。

鱼纹彩陶圜底盆

仰韶文化半坡类型（大地湾二期）

口径 48 厘米，高 14.4 厘米

大地湾遗址出土

细泥红陶。侈口，圆唇外卷，浅弧腹，圜底。腹饰写意鱼纹两条，
内底部有红彩漩涡纹痕。

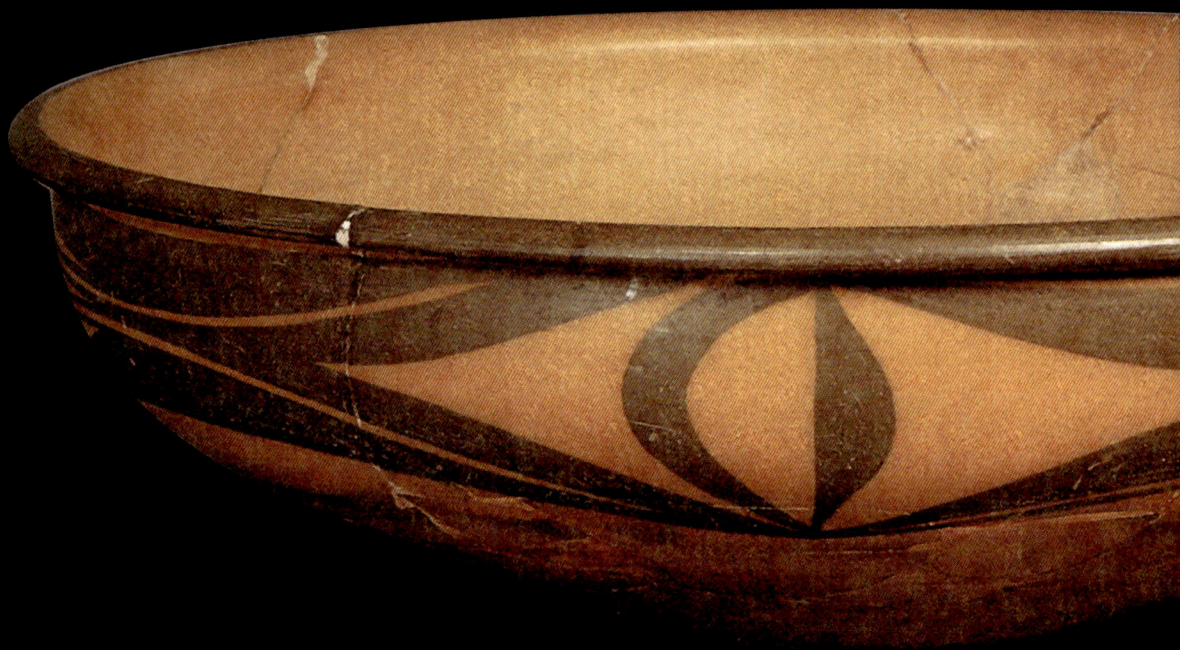

宽带纹彩陶圜底钵

仰韶文化半坡类型（大地湾二期）

口径 16.5 厘米，高 6.5 厘米

大地湾遗址出土，2012 年甘肃省文物考古研究所拨交

细泥红陶。直口，浅腹，圜底。口外壁饰一圈黑彩宽带纹。

猪面纹彩陶壶

仰韶文化半坡类型

腹径 15.3 厘米，底径 6.8 厘米，高 20.6 厘米

秦安王家阴洼遗址出土，甘肃省博物馆藏

泥质红陶。器物整体呈葫芦形。小圆口，束颈，曲折腹，平底。口部绘四组三角形纹；上腹部绘一圈二方连续的猪面纹，互连的猪面共享一个眼睛。

刻"｜"宽带纹彩陶圜底钵

仰韶文化半坡类型
口径 30 厘米，高 14 厘米；重 1265 克
2014 年个人捐赠

细泥红陶。微敛口，浅腹，圜底。紧贴口部外壁饰一圈黑彩宽带纹，纹中阴刻有符号"｜"。

三角条带纹彩陶圜底盆

仰韶文化庙底沟类型

口径 31 厘米，高 13.5 厘米；重 1600 克

大地湾遗址出土，2013 年甘肃省文物考古研究所拨交

泥质红陶。侈口，束颈，弧腹，圜底。上腹部饰彩绘几何纹。

红陶敛口盆

仰韶文化庙底沟类型（大地湾三期）

口径 21.6 厘米，高 12.5 厘米；重 1280 克

大地湾遗址出土，2013 年甘肃省文物考古研究所拨交

泥质红陶。侈口，圆唇，束颈，上腹较鼓，下腹斜收，平底。颈腹相交处饰一圈戳印纹。

八千年的记忆

天水市博物馆
通史陈列

第一部分 文明曙光 ／ 仰韶文化

八千年的记忆

天水市博物馆
通史陈列

30

人头形器口彩陶瓶

仰韶文化庙底沟类型

口径 4 厘米，底径 6.8 厘米，高 32.3 厘米

1973 年大地湾遗址出土，甘肃省博物馆藏

泥质红陶。小口，高颈，溜肩，鼓腹下微曲，小平底。腹部双耳已残。
器口为圆雕头像，短发齐额，双目镂空，挺鼻，小口微张，两耳各有一
小穿孔。腹部从上到下饰三层大体相同的黑彩图案，由两种纹样构成：
一为两个弧边三角纹构成的一空白圆圈，内填充弧线和垂弧；另一由斜
直线、侧弧及凹边三角纹组成。

马家窑文化

因首先发现于甘肃临洮县马家窑村而得名，是黄河上游地区重要的新石器时代文化。天水地区马家窑文化按时代顺序可以分为石岭下类型、马家窑类型和半山、马厂类型，距今5800~4000年。此时，农业、畜牧业都比较发达；制陶业发展迅速，器形繁多，质地细腻，纹饰多样。

红陶人面头像

马家窑文化石岭下类型

残高 15.3 厘米，宽 14.6 厘米

天水市麦积区柴家坪遗址出土，甘肃省博物馆藏

泥质红陶。人像高颧阔面，双眉稍隆起，嘴、眼镂空成横纺锤条状，鼻呈三角形，两耳垂各有一穿孔。

人面鲵鱼纹彩陶瓶

马家窑文化石岭下类型
口径 7 厘米，底径 12 厘米，
高 38.4 厘米
1958 年甘谷西坪遗址出土，
甘肃省博物馆藏

泥质橙黄陶。小口，翻唇，细颈，溜肩，
深腹，平底。腹部两侧各一耳。颈部
饰一周附加堆纹。腹部用黑彩绘一条
鲵鱼图案，鲵鱼双目圆睁，大口露牙，
长条曲折状身躯，首尾相接，两侧饰
爪形纹。

人面鲵鱼纹彩陶瓶

马家窑文化石岭下类型

通高 18.7 厘米

1953 年武山傅家门遗址出土，甘肃省博物馆藏

细泥红陶。侈口，圆唇，窄平沿，束颈，溜肩，深斜腹，平底，两侧肩下各有一耳。器身以黑彩绘有一条胖大鲵鱼，鲵鱼纹脸部为人面，有四足，足端各有四爪，尾部上翘，身上绘有网格状鳞片。

红陶瓮（参考复原）

马家窑文化石岭下类型（师赵村四期）

口径 21.5 厘米，高 32 厘米

师赵村遗址出土，1997 年 9 月中国社会科学院考古所甘青队移交

泥质红陶。敛口，深腹，平底，上腹近口部有对称双錾耳。腹部饰绳纹，腹中部饰一圈附加堆纹。

彩陶罐

马家窑文化石岭下类型

口径 13 厘米，底径 10.8 厘米，高 25.8 厘米

西山坪遗址出土，中国社科院考古研究所藏

泥质红陶。侈口，束颈，鼓腹，平底。上腹部绘有鸟纹、圆圈纹、弧边三角纹等。

石岭下类型卜骨

1991~1993 年武山傅家门遗址出土

卜骨均为动物肩胛骨，且无钻、灼痕迹。其中，左边卜骨为羊的肩胛骨，一面留有灼痕；右边卜骨为猪的肩胛骨，阴刻"二"形符号。

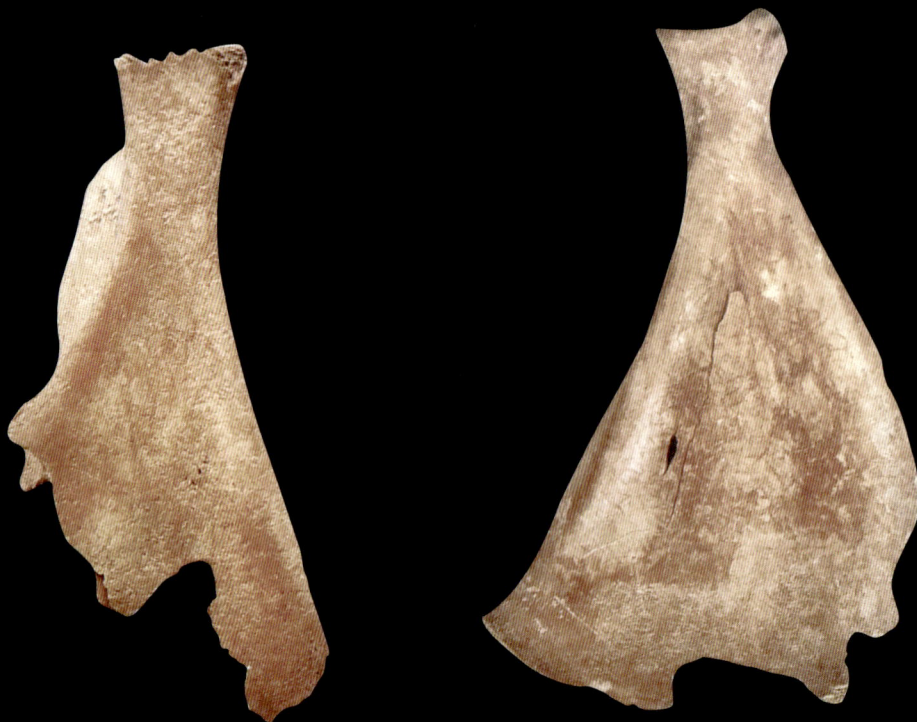

马家窑文化石岭下类型

陶刀

马家窑文化马家窑类型（师赵村五期）

长 9 厘米，宽 4.5 厘米

1984 年师赵村遗址出土

泥质红陶。长方形，中部有钻孔。

陶纺轮

马家窑文化马家窑类型（师赵村五期）

直径 5.5 厘米

师赵村遗址出土，中国社科院考古研究所藏

夹砂灰陶。略成圆饼形，正中有孔。

陶球

马家窑文化马家窑类型（师赵村五期）

直径 4 厘米

师赵村遗址出土，中国社科院考古研究所藏

规整圆球形。球面戳出蜂窝状小孔。

蛙纹彩陶钵

马家窑文化马家窑类型（师赵村五期）

口径 16.4 厘米，底径 6 厘米，高 5 厘米

师赵村遗址出土，中国社科院考古研究所藏

泥质红陶。直口，弧壁，平底。器内绘黑彩
全蛙纹；口沿内壁绘黑彩一周，器表素面。

对鸟纹彩陶壶

马家窑文化马家窑类型

口径 11.1 厘米，腹径 25 厘米，底径 13 厘米，高 14.9 厘米

天水市秦州区杨家坪出土，甘肃省博物馆藏

泥质红陶。侈口，窄平沿，束颈，鼓腹，平底。腹两侧对称有两横耳，通体施黑彩。壶颈部饰平行条纹；腹部绘两组展翅相对的变形鸟纹，其下为垂弧纹一周。

陶人面

马家窑文化马家窑类型（师赵村五期）

宽 6.4 厘米，高 6.7 厘米

师赵村遗址出土，中国社科院考古研究所藏

泥质橙黄陶。人面像原为陶器口颈部纹饰。双目雕镂成套环状孔。耳、鼻、嘴、颧骨均捏塑成形。耳为短泥条塑成，中间划一沟槽，象征耳孔。高鼻梁，嘴唇闭合而突出，两颧骨隆起。在鼻准下有三个圆形凹窝。从外貌上看，应为一成年人形象。

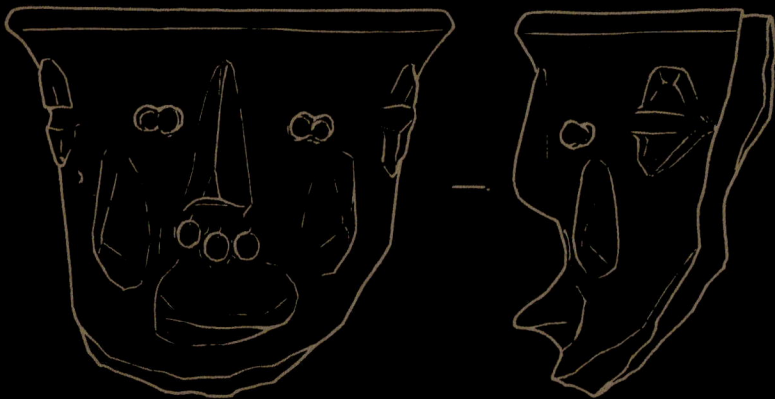

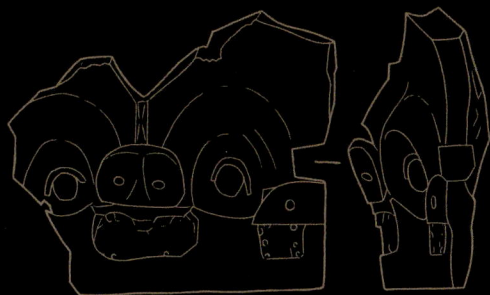

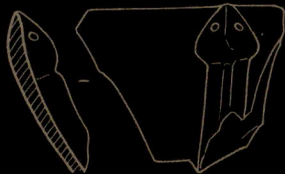

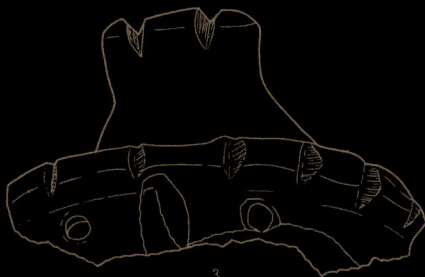

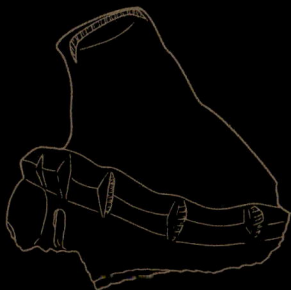

陶兽面

马家窑文化马家窑类型（师赵村五期）

师赵村遗址出土，中国社科院考古研究所藏

泥质橙黄陶。泥塑兽面。双目用阴线显示，宽而弯曲显得粗壮。圆睛突出，其上少部分由眼睑遮挡。鼻捏塑而成，呈猪鼻样。方形大嘴呈凹窝状。整个器形显得粗犷而狰狞。

人像彩陶罐

马家窑文化半山类型（师赵村六期）

口径 14.3 厘米，底径 9.9 厘米

师赵村遗址出土，中国社科院考古研究所藏

泥质红陶。侈口，短颈，深腹，平底。黑彩绘，口部外壁绘一宽带纹，肩部饰五道平行条纹。在肩部浮塑一完整人首，塑出眼、口、鼻等器官。头顶塑有半圆形发髻，中间穿孔，当是插发笄的。在头部下面用黑彩画出人的躯体及四肢，两手掌还勾画出手指。颈部两侧各画一"⊕"形符号，头部两侧画有带齿边的羽毛纹，左右遥相对应。人身躯左侧画纵行齿带纹，右侧遍饰"十"字纹。腹部中央绘一树枝纹，背部画纵行排列整齐的波浪纹。

石岭下类型

马家窑类型向半山类型过渡

石岭下类型

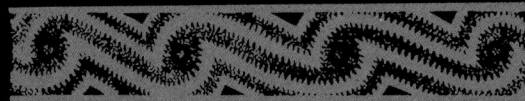

半山类型

马家窑类型

半山类型

马家窑类型

马家窑类型

半山类型

马家窑类型

半山类型

马家窑类型向半山类型过渡

马厂类型

马家窑类型向半山类型过渡

骨器（锥、镞、刀）

新石器时代（公元前 6200 年～前 1900 年）

齐家文化

因首先发现于甘肃省广河县齐家坪而得名。距今 4100~3900 年，与中原夏文化相当。天水地区经过发掘的齐家文化遗址主要有师赵村、西山坪、七里墩、傅家门等遗址。这一时期，农业、畜牧业得到进一步发展，出土了大量精美的玉器，开始出现了铜器制作和私有财产，社会已迈入文明时代。

带鋬灰陶鬲

齐家文化（师赵村七期）

口径 27.9 厘米，袋足高 15.8 厘米，通高 36 厘米

师赵村遗址出土

夹砂褐陶。敛口，筒形腹，腹上部两侧附一对称鋬耳，底下附袋足。口沿粗糙不平。口沿外侧有一凹弦纹。器身及三足饰纵行绳纹，腹底与三足相接处贴一绳索状堆纹。

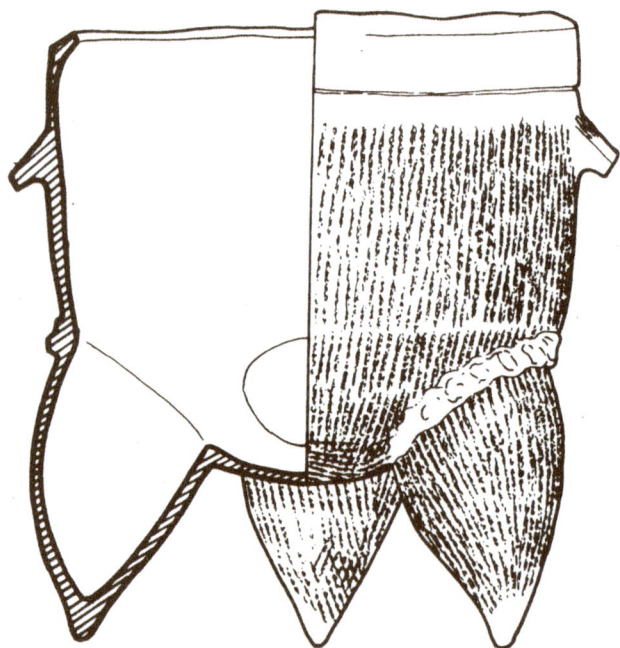

红陶鬶

齐家文化（师赵村七期）

口径 25.6 厘米，袋足高 10 厘米，通高 17 厘米

师赵村遗址出土

泥质灰陶。侈口，短颈，浅腹，圜底，下附三个羊角形空足。器体较矮，器壁较薄，三个袋足上各饰一圆泥丁，口沿有一弦纹，素面。

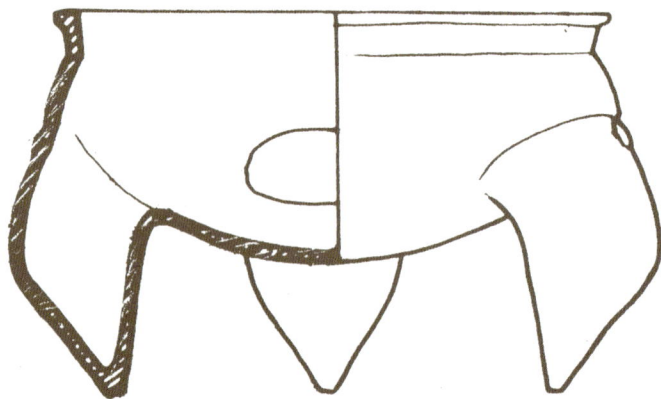

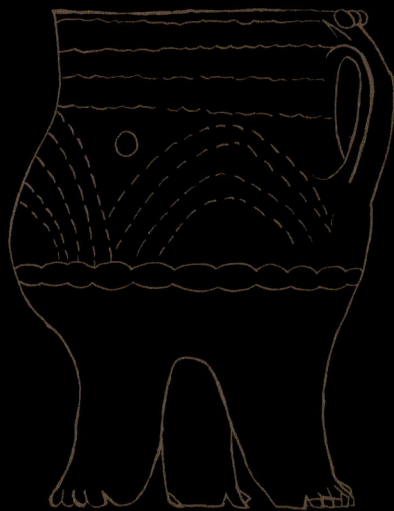

三兽足单耳红陶罐

齐家文化

口径 8.9 厘米，高 14.4 厘米

天水市秦城区王家窑出土

泥质红陶。侈口，尖唇，短颈，鼓腹，三兽足。口沿至腹中部接一桥形耳。颈部刻划四道细弦纹，腹上部等距贴塑三个小泥饼；腹中部饰两组对称四道弧形锥刺纹，腹下部环饰一圈附加堆纹。

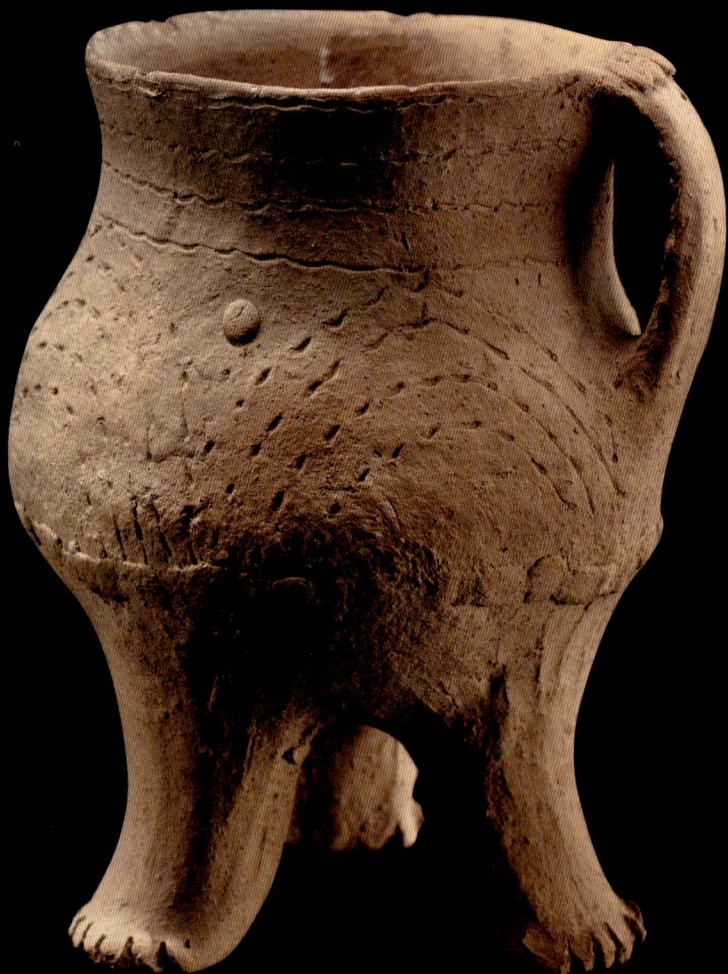

石纺轮

齐家文化
直径 5.5 厘米，厚 3.5 厘米；重 75 克
师赵村遗址出土

石英石料。色白。圆形，轮面微凸，轮
壁较厚，孔系管状对钻而成。

玉璧

齐家文化
直径 7.4 厘米；重 48.7 克
1984 年天水市文化馆移交

青玉。素面，多处石纹，微有沁。扁平圆形，
厚薄不均，边缘有多处残损。单面钻孔。

八千年
记忆

八千年
记
忆 的

天水市博物馆
通史陈列

第一部分 文明曙光 ╱ 齐家文化

八千年
记忆 的

天水市博物馆

52

玉琮

齐家文化

长 5.1 厘米，宽 6.1 厘米；重 210 克

1984 年天水市文化馆移交

青色，有褐斑。器作委角正方体，中心为上下对穿的大圆孔；
通体素面。

玉琮

齐家文化

长 5.1 厘米，宽 6.1 厘米；重 210 克

1984 年天水市文化馆移交

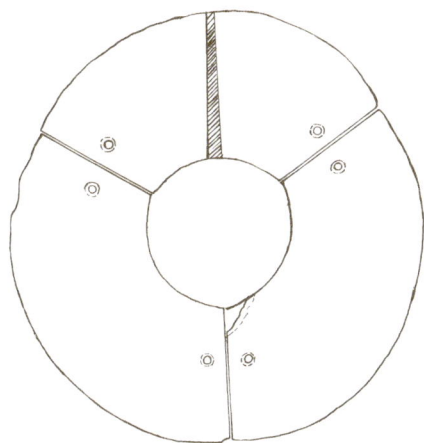

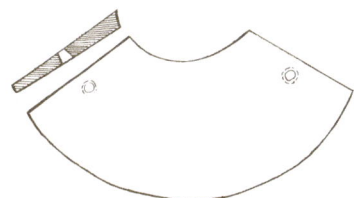

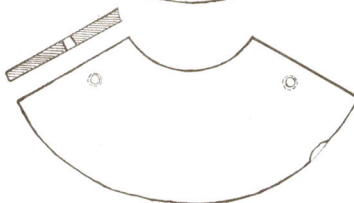

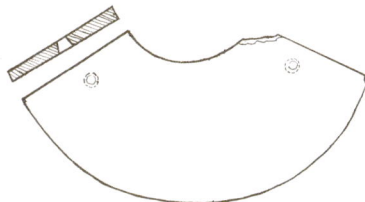

三璜联璧

齐家文化

直径 16.6 厘米

社会征集

青玉质，白中泛青。三联片，两片略长，一片略短。外缘薄厚不均，每片两端中部各有一个小孔用以穿系。

玉璧

齐家文化

直径 10.7 厘米，厚 3.5 厘米；重 130 克

1984 年天水市文化馆移交

青玉，白中泛青，间有棕蓝色纹斑。素面。扁平圆形，
厚薄不均，边缘不平，单面钻孔。

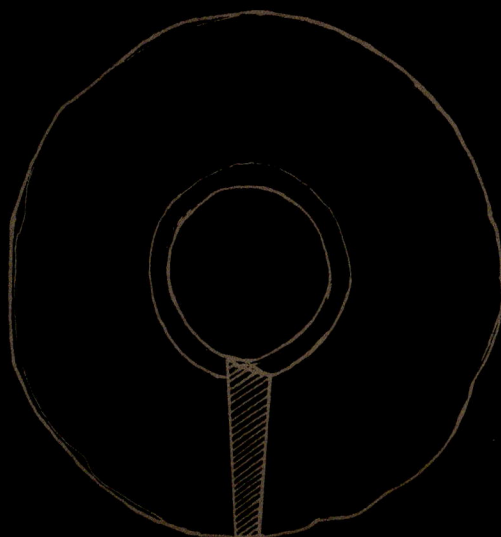

石纺轮

齐家文化
直径 5.4 厘米，厚 0.4 厘米；重 50 克
天水市秦州区师家崖采集

色深黑，通体精磨。轮面平整，边缘弧斜，直壁，
平底。孔系管状对钻而成。

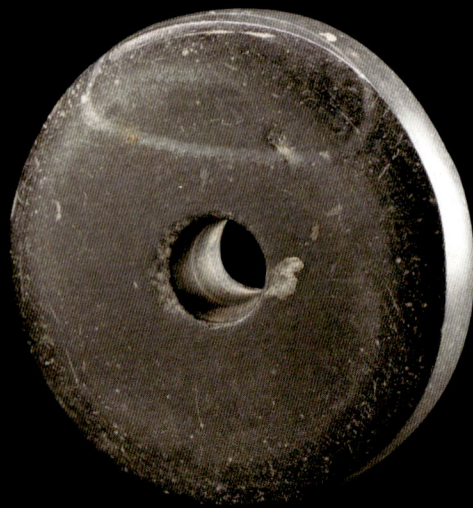

石锯

齐家文化

长 13 厘米，宽 3.2 厘米；重 50 克

清水郭川乡田川采集，1997 年社会征集

青灰色板岩。长方形，背厚刃薄，前端略尖，残存 17 个锯齿。

石斧

齐家文化

长 14.3 厘米，宽 8.2 厘米；重 1070 克

秦城区烟铺村采集

黑色石质。整件呈扁长形，斧首部略小，呈弧状；刃部略宽，弧形；
斧中间有穿孔，系对钻而成。

石锛

齐家文化

长 10.5 厘米，宽 2 厘米；重 100 克。

天水市博物馆旧藏

黑色。上下等宽，整体呈长方形。锛首呈弧形，单面斜开刃，通体精磨。

石凿

齐家文化

长 11 厘米，宽 2.5 厘米；重 60 克。

新阳镇采集

黑色。体细长，上宽下窄；凿首弧圆，刃部略弧形，双面等开刃，为四面体扁长形。

马鞍口双耳褐陶罐

寺洼文化

口径 11 厘米，高 22 厘米；重 1000 克

陇南市西和县采集

泥质褐陶。马鞍形口，束颈，深腹，平底内凹；肩至口沿间有对称双耳；腹部双耳下侧刻大小两个对称"S"形钩纹。

公元前	BC	6000		5500		5000		4500		4000
时期			早期				前期			
河南			裴李岗文化						仰韶	
							半坡类型			
甘肃			大地湾一期文化		师赵村一期		大地湾二期		大地湾三期	
彩陶线图										

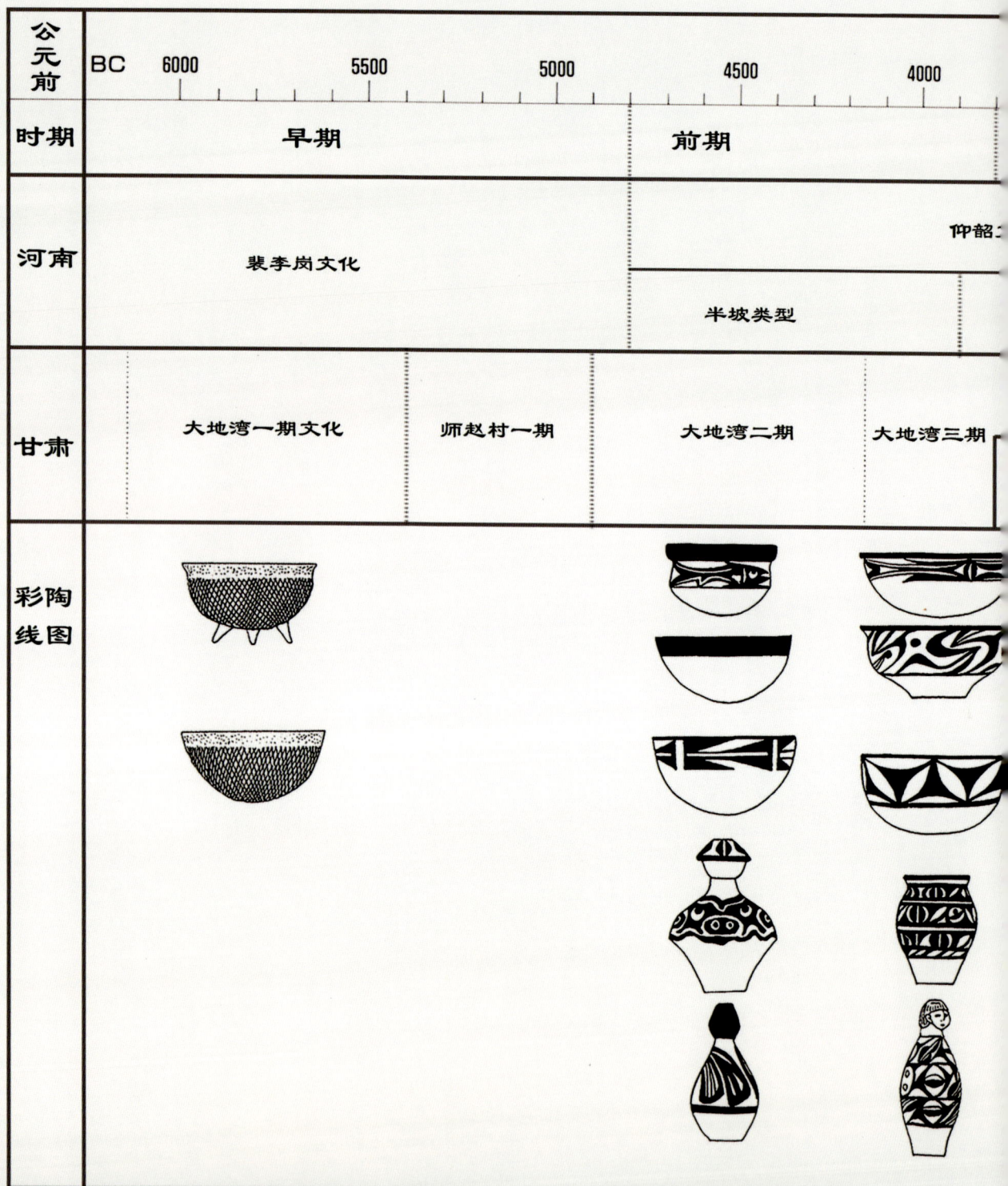

甘 肃 彩 陶 编 年 与

3500	3000	2500	2000	1500	1000	500	400

| 中期 | | 后期 | | | | 晚期 | |

| | | 河南龙山文化 | | 二里头文化 | 殷（商） | 西周 | 春秋 | 战国 |

…沟类型 | 庙底沟二期文化

马家窑文化

…类型 | 马家窑类型 | 半山类型 | 马厂类型

四坝文化 | 沙井文化

齐家文化 | 辛店文化 寺洼文化

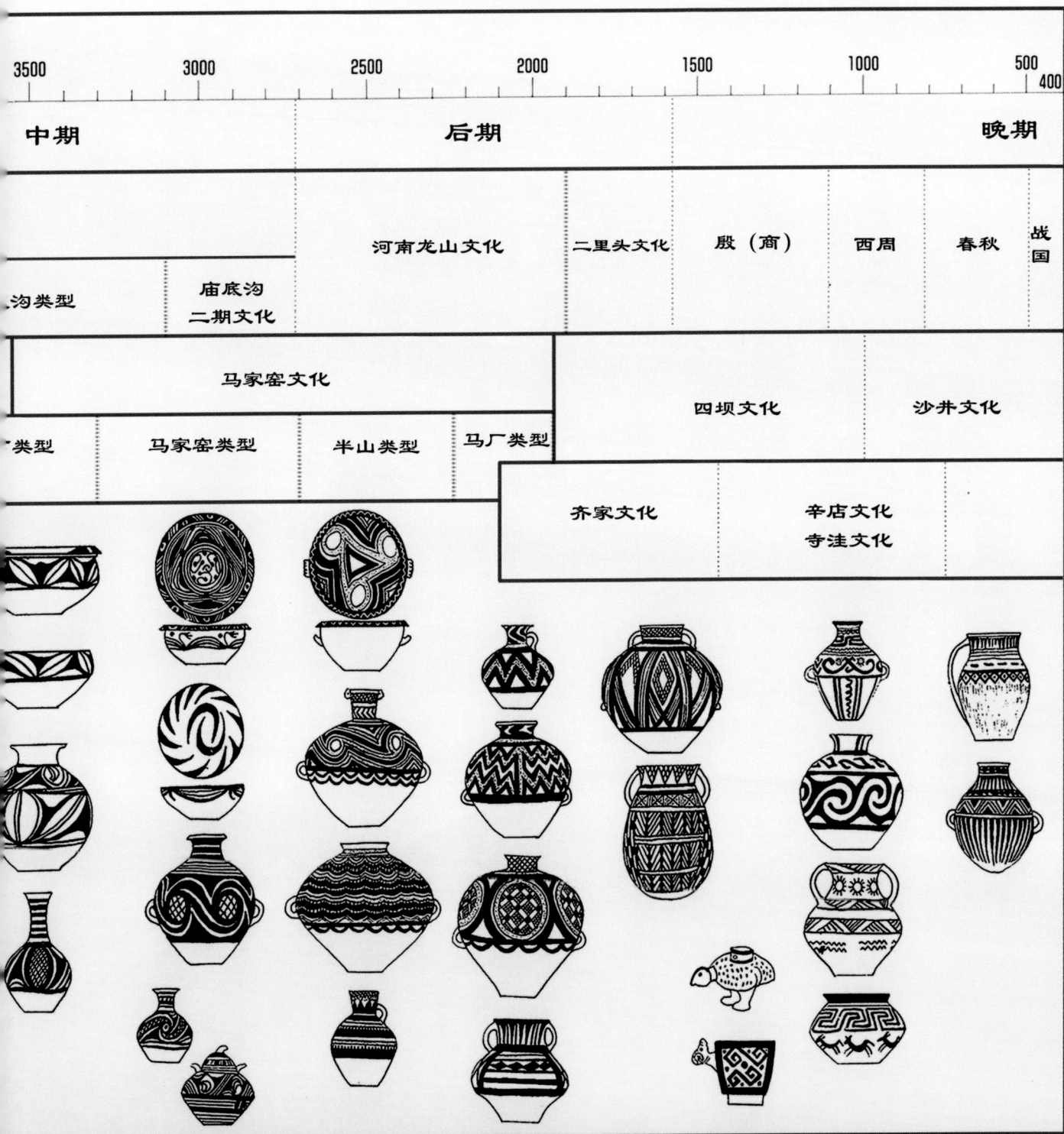

…夏史前文化年代对比图

63

秦人迁徙路线图

赢秦故园

约公元前16世纪——公元前206年

天水是早期秦文化的发祥地。据《史记·秦本纪》记载，秦族源于以玄鸟为图腾的东夷少昊族，其先世出自颛顼。商末，秦祖中潏迁至西垂(今陇山以西天水、陇南一带)为商保疆，史称"在西戎，保西垂"。在历经800年的漫长岁月中，秦人艰苦创业，东进西伐，封侯建国，最终建立了中国历史上第一个统一的封建制集权国家——秦朝。

The Hometown of Qin
About the 16th Century B.C. --- 206 B.C.

Tianshui is the birthplace of early Qin culture. According to the historical records of the Qin Dynasty, the Qin clan originated from the eastern Yi clan who took Black Bird as their totem, and its ancestors came from Zhuanxu. The ancestor of Qin, Zhongjue, moved to XiChui (now Tianshui and Longnan area) to guard the frontier for Shang Dynasty. After more than 800 years of hard work, the Qin people established the stele with their eastward advance and westward conquest, and created the first unified feudal centralized state in Chinese history finally, the Qin Dynasty.

天水地区是早期秦文化的发祥地。《史记·秦本纪》载，秦族源于以玄鸟为图腾的东夷少昊族，其先世出自颛顼。商末，秦祖中潏迁至西垂(今陇山以西天水、陇南一带)，为商保疆，史称『在西戎，保西垂』。在历经八百多年的漫长岁月中，秦人艰苦创业，东进西伐，封侯建国，最终建立了中国历史上第一个统一的封建制集权国家——秦朝。秦人在征伐的过程中，广收博采商周文化、戎人文化的精华，形成了早期秦文化。清水李崖、甘谷毛家坪、麦积区董家坪和张家川马家塬遗址以及礼县大堡子山、圆顶山墓葬群等，基本上反映了天水早期秦文化的历史脉络。

嵌绿松石兽面纹铜牌饰

二里头文化

长 13.7 厘米，宽 9 厘米

1985 年天水市文化馆拨交

器形为圆角长方形片状，四角处有半环形
系穿。一面呈瓦状拱起。拱面以简单线条
勾勒出兽面形象，并饰出菱形"臣"字双目。
主纹饰之间嵌有绿松石小薄片。

青铜簋

西周

口径 23 厘米，足径 19.5 厘米，高 18 厘米
1967 年甘泉收购站收购，麦积区博物馆藏

侈口，鼓腹，两耳为兽首长舌形，耳下有珥，
圈足。腹饰直棱纹，口沿、圈足饰弦纹和
目纹，口沿前后各饰一兽首。无铭文。(《天
水县文物志》1984 年版)

绳纹灰陶鬲

西周

口径 13 厘米，高 6.2 厘米；重 800 克

天水市秦州区中国银行工地出土

夹砂灰陶。器物表面粗糙；侈口，短颈，
微鼓腹，短袋状足。

扉棱纹灰陶鬲

春秋

口径 13 厘米，高 10.2 厘米；重 460 克

天水市银行采集

夹砂灰陶。器物表面粗糙；侈口，斜折沿，浅腹，短袋状足。
三足各附加一扉棱。

单耳铲足灰陶鬲

春秋
口径 18.3 厘米，高 19.3 厘米；重 1350 克
秦城区西湖嘴采集

夹砂灰陶。敛口，直颈，单耳，腹微鼓，三袋状足。器表饰细绳纹。

绳纹灰陶甑

春秋

口径 26.2 厘米，高 13.5 厘米；重 1400 克

秦城区多家庄采集

泥质灰陶。平沿，敞口，斜腹下收，平底。器表饰绳纹，底部钻有若干圆孔。

绳纹灰陶甑

春秋

雷纹青铜簋

春秋

口径 12.8 厘米，底径 11.6 厘米，高 6.4 厘米；重 2210 克

2005 年社会征集

簋为圆形，由器盖、器身两部分组成。盖顶有圆形捉手，器身两侧有对称兽形耳，高圈足外撇。器身饰以云雷纹一周。

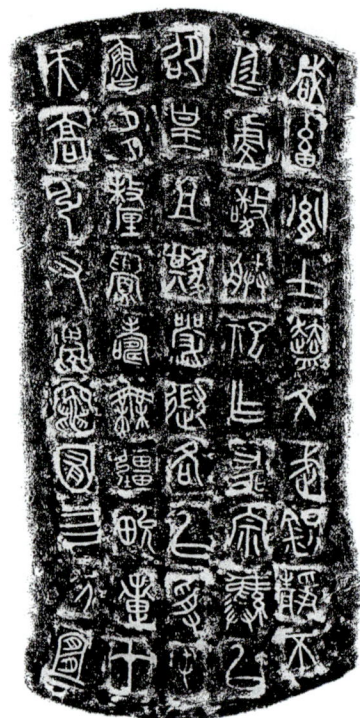

盖铭释文：

咸畜胤士，盍盍文武，镇静不廷，虔敬
朕祀。作吻宗彝，以邵皇且，其严御各，
以受屯卤。多厘眉寿无疆，畯疐在天，
高弘有廪，灶有四方。宜。

器铭释文：

秦公曰：不显朕皇且，受天命鼏宅禹迹，
十又二公，在帝之坏。严，恭夤天命，
保业厥秦，虩事蛮獶。余虽小子穆穆，
帅秉明德，剌剌（烈）桓桓，迈民是敕。

秦公簋

春秋
口径 18.8 厘米，通高 23.5 厘米；重 7260 克
中国国家博物馆藏

簋为圆形。盖顶有圆形捉手，器身两侧有对称兽形耳，圈足外撇。
盖面饰瓦楞纹和勾连纹；器身上腹饰勾连纹，下腹饰瓦楞纹；圈
足饰波带纹。盖内有铭文 51 字，器内有铭文 54 字，器盖有秦汉
时期后刻铭文各 8 字。

窃曲纹青铜簋

春秋

口径 14.5 厘米，底径 13.2 厘米，高 8.5 厘米；重 2820 克

2003 年社会征集

簋鼓腹。盖作球面形隆起，圈状捉手。腹有兽首双耳，圈足。盖饰一周
重环纹，腹饰一周窃曲纹、凸棱两周。

瓦楞纹青铜匜

春秋

长 18.3 厘米，高 9.6 厘米；重 690 克

1993 年天水市秦城区南城根采集，后由秦城东关派出所移交

宽流，曲口；錾作夔龙，口衔匜沿，作探水状；流口下饰重环纹，腹饰瓦纹，四足。

窃曲纹青铜鼎

春秋

口径 24.1 厘米，高 20.3 厘米；重 4120 克

2003 年社会征集

鼎直口，折沿，腹底平收，三兽蹄形足。沿有对称立耳，耳饰重环纹。腹饰窃曲纹，足饰兽面纹。

八千年
的
记忆

天水市博物馆
通史陈列

第二部分　嬴秦故园

八千年
的
记忆

天水市博物馆
通史陈列

78

重环纹青铜盘

春秋

直径 21 厘米，高 6.6 厘米；重 1300 克

1993 年天水市秦城区南城根采集，后由秦城东关派出所移交

短折沿，附双耳，沿与耳之间有双梁连接；浅直腹，圈足较高。

腹部饰重环纹一周，一耳及圈足略残。

窃曲纹青铜鼎

春秋

口径 25.3 厘米，高 18 厘米；重 3180 克

1993 年天水市秦城区南城根采集，后由秦城东关派出所移交

短折沿，附双立耳，沿与耳之间有双梁连接；鼓腹，圜底略平；三蹄形足。颈部、腹部饰窃曲纹、波曲纹一周，双耳饰重环纹，足上部饰兽面纹。

环带纹青铜鼎

春秋

口径 24.5 厘米，高 16.8 厘米；重 2670 克

1993 年天水市秦城区南城根采集，后由秦城东关派出所移交

短折沿，附双立耳，沿与耳之间有双梁连接，腹微鼓，圜底略平，三兽
蹄形足。双耳饰重环纹，上腹饰窃曲纹，下腹饰环带纹，足饰饕餮纹。

环带纹青铜鼎

春秋

口径 23 厘米，高 15.7 厘米；重 2540 克

1993 年天水市秦城区南城根采集，后由秦城东关派出所移交

短折沿，附双立耳，沿与耳之间有双梁连接；鼓腹，圜底略平，三蹄形足。
双耳饰重环纹，颈部、腹部饰窃曲纹、波曲纹各一周，足上部饰兽面纹。

蟠虺纹青铜甗

春秋

口径 31 厘米，高 36 厘米；重 6150 克

2007 年社会征集

甗分体，上甑下鬲。甑侈口平沿；两镂空方耳，饰卷云纹；器身两道凸弦纹将
纹饰分为三区，上、中两区满饰蟠虺纹，下区为蟠虺纹和蕉叶纹装饰；甑底有
长条形孔洞。鬲素面，双环耳各衔一环。

青铜车辖

春秋

最大径6厘米，最小径4.6厘米，高11.5厘米；重608.2克

社会征集

器身呈长筒形，一端细，另一端较粗；细端套在车轴两端，用以加固轴头；
较粗一端有两对称方孔，用以插入车辖，防止车轮滑出。

青铜车辖

春秋

最大径6厘米，最小径4.6厘米，高11.5厘米；重608.2克

社会征集

青铜管銎啄戈

春秋
长 15.2 厘米，宽 4 厘米；重 170 克
1980 年社会征集

戈柳叶形，体短有脊；援部有銎管，可纳柲；内后端有阙口，援后部有
几何纹饰。

"市"铭铜镢

战国
长 8.7 厘米，宽 4 厘米；重 240 克
1984 年天水市文化馆移交

镢体量较小。銎为长方形，两侧为鸟首；直刃，镢面外侧铸有"乂"纹。
内侧铸有铭文"市"字。

"市"铭铜镢

战国
长 8.7 厘米，宽 4 厘米；重 240 克
1984 年天水市文化馆移交

错银云纹青铜弩辄

战国

长 24.2 厘米，宽 5.8 厘米，厚 2.9 厘米；重 1800 克

1987 年天水市公安局移交

一组两件，形制、大小相同。头部为鸟形，错银为睛；颈细长而弯曲，
柄部中空，可插入木樽。柄部错银成云纹图案。

铺首弦纹青铜鉴

战国

口径 40.5 厘米，高 15.3 厘米；重 3260 克

2006 年社会征集

直口、平折沿，束颈有肩；腹部圜收，对称饰兽形衔环耳一对、铺首衔环一对；底平。上腹部穿耳饰一圈弦纹，弦纹上下均饰有蟠虺纹。

重鳞纹青铜罍

战国

口径 23 厘米，底径 19 厘米，高 27 厘米；重 6500 克

2004 年社会征集

喇叭口，束颈，广肩，肩上有两翼兽形耳，下腹斜收，平底。
通体间饰蟠虺纹与重鳞纹，杂有交错三角纹。

回首虎形铜带钩

战国

长 13.4 厘米；重 110 克

1984 年天水市文化馆移交

带钩上端曲首回钩，中部有一钮。钩身为回首虎形。

鎏金虎形铜牌饰

战国

长 7.8 厘米，宽 5 厘米；重 70 克

1993 年天水市公安局移交

通体鎏金，大多磨损脱落。虎低头侧视，扁形小耳竖贴脑际；虎口大张，
下颌与右爪掌背相连；尾巴上卷。牌饰背部有两桥条形穿孔。

骆驼形银箔饰片

战国

高 2.5 厘米，宽 2.3 厘米；重 0.4 克

2011 年社会征集

银质，质地轻薄，錾刻工艺。骆驼头高昂，眼球錾刻为突起的小圆，身体光素，尾巴较长，自然下垂。驼峰、耳朵、腿用不同的錾刻技法表现了骆驼的形态。

骆驼形银箔饰片

战国

高 2.5 厘米，宽 2.3 厘米；重 0.3 克

2011 年社会征集

银质，质地轻薄，錾刻工艺。骆驼头高昂，眼球錾刻为突起的小圆，身体光素，尾巴较长，自然下垂。驼峰、耳朵、腿用不同的錾刻技法表现了骆驼的形态。

青铜戈

战国

长 22.5 厘米，宽 12.4 厘米；重 300 克

1993 年秦城区公安局移交

长条形援，锋援呈弧线形，援本一穿，长胡二穿，长方形内，上下后缘
均开刃，内部有一长方形穿。

大角羊形银箔饰片

战国
2011 年社会征集

银质，质地轻薄，錾刻工艺。站立状，低头张嘴，
羊角向后卷曲至背部，尾巴上翘，四肢粗壮，造型
生动。

三角形草叶纹金箔饰片

战国

2011 年社会征集

金质，质地轻薄，剪切工艺。三角形内剪切对称的草叶纹，
线条流畅，造型优美。

鸮面纹金饰片

战国

纵 4 厘米，横 3.3 厘米；重 2.3 克

2011 年社会征集

金质。顶端正面鹰首，鸮眼圆睁，喙部突出。
身体屈曲，遍饰对称的动物纹。

螭龙纹银箔饰片

战国

长 10 厘米，宽 3 厘米；重 1.78 克

2011 年社会征集

银质，质地轻薄，錾刻工艺。螭龙兽面，双目
圆睁，身体粗壮蟠曲而伏，双尾。

八千年
记忆

天水市博物馆
通史陈列

第二部分　嬴秦故园

八千年
记忆

天水市博物馆
通史陈列

98

虎形金箔饰片

战国

虎形银箔饰片

战国

银质，质地轻薄，錾刻工艺。虎头高昂，
虎口大张，双目圆睁，四足粗壮有力，尾
巴上卷，腿部用沙地錾技法，突出了老虎
健壮的肌肉。

三角形草叶纹银箔饰片

战 国

银质，质地轻薄。平面三角形成塔形排
列，用银扣做固定；大小三角形内剪贴
对称草叶纹。

大三角形内錾刻一头双身神兽，长尾向上卷翘，头部未雕饰，小三角内
錾刻对称的草叶纹。

三角形对兽纹银箔饰片

战 国

银质，质地轻薄，錾刻工艺。平面三角形成塔形排列，用银扣做固定。
大三角形内錾刻一头双身神兽，长尾向上卷翘，头部未雕饰，小三角内
錾刻对称的草叶纹。

双鸟纹金箔饰片

战国

金质，质地轻薄，錾刻工艺。以太阳为中心，对称錾刻双鸟，四角有固定用小圆孔。

花卉纹金箔饰片

战国

金质，质地轻薄，錾刻工艺。整体造型为花卉纹，两边对称，周边有固定用的小孔，图案简洁大方。

兽纹金箔饰片

战国

金质，质地轻薄，錾刻工艺。双首，眼圆睁，
身体錾阴阳线，具有立体感。

兽纹银箔饰片

战国

银质，质地轻薄，錾刻工艺。双首，眼圆睁，
耳上翘，身体錾阴阳线，具有立体感。

三角形草叶纹铜饰件

战国

高 17.9 厘米，宽 11 厘米；重 48.7 克

2011 年社会征集

铜饰片为弧腰三角形，内饰镂空草叶纹。

弧边三角形几何草叶纹铜饰件

战国

高 10.2 厘米，宽 13 厘米；重 37.3 克

2011 年社会征集

铜饰片大体为三角形，三边弧形外凸，内饰
镂空草叶纹。

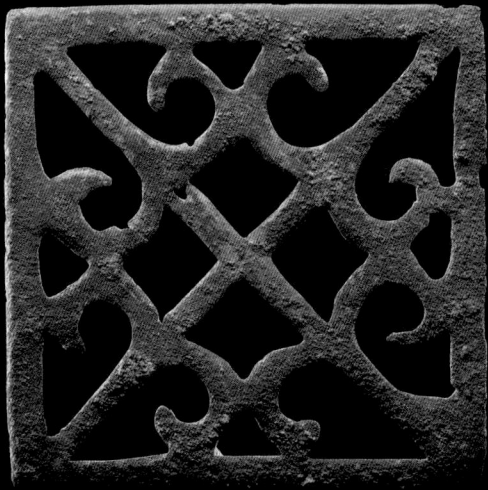

方形几何花卉纹铜饰件

战国

边长 9 厘米；重 22.4 克

2011 年社会征集

铜饰片正方形，中部镂空。对角线分正方形为四个等
大的三角形，其间填充有中心对称的草叶纹。

方形草叶纹铜饰件

战国

长 14.8 厘米，宽 14 厘米；重 89.1 克

2011 年社会征集

铜饰片近方形，中部镂空，间饰缠绕的镂空草叶纹。

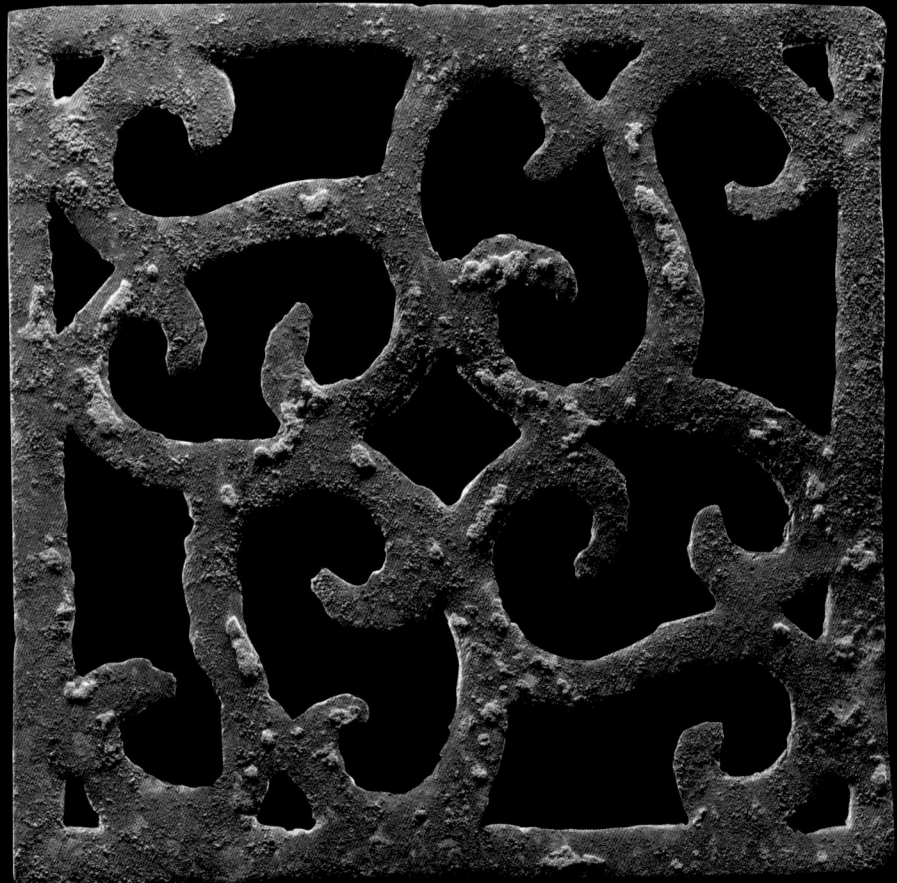

三角形花卉纹铜饰件

战国

高 11.4 厘米，宽 10.8 厘米；重 67.1 克

2011 年社会征集

铜饰片为三角形，内部为镂空草叶纹。

弧边三角形花卉纹铜饰件

战国

高 7.4 厘米；宽 13.5 厘米；重 16.1 克

2011 年社会征集

铜饰片为三角形，两腰边弧形外凸，底边内凹，其间
为镂空草叶纹。

三角形花卉纹铜饰件

战国

高 11.3 厘米，宽 11.7 厘米；重 48.8 克

2011 年接受捐赠

铜饰片为三角形，底部弧形稍向外凸，两腰边平直。内饰镂空的草叶纹。

蒜头铜壶

秦

口径 6.7 厘米，底径 13.7 厘米，

高 39 厘米；重 2560 克

2007 年社会征集

壶口作六瓣蒜头状。细长颈，颈中部有
凸箍。圆鼓腹。圈足。底部近圈足铸有
"七" "女" 两字。

半两钱

秦

直径 3.1 厘米；重 72.4 克

1991 年社会征集

圆形，方穿。钱面阳文篆书"半两"，背平夷。
边缘铸口有茬没有磨锉。

铜诏铁权

秦

底径 25 厘米，高 19 厘米；重 31.6 千克

秦安县上袁家村秦墓出土

权呈馒头状，上部有鼻形提梁，提梁一侧镶嵌铜诏版，上阴刻篆书 40 字，共 6 行，铜诏全文内容为：
"廿六年皇帝尽并兼天下诸侯，黔首大安，立号为皇帝。乃诏丞相状、绾，法度量则不壹，歉疑者，
皆明壹之。"底部有因重量不足而加填的金属，为校检重量误差而采取的增减措施。

两诏铜权

秦

底径 5.2 厘米，高 7 厘米；重 250 余克，为秦一斤。

秦安县上袁家村秦墓出土

甘肃省博物馆藏

刻秦始皇廿六年诏书七行 40 字和秦二世元年诏书九行
60 字。权整体造型为钟形，中空。顶部微有弧度，鼻钮。
器表铸有多道觚棱，诏纹阴刻在觚棱之间的平面上，字
体小篆。此权保存完好，反映了秦斤的标准重量，是研
究古代衡制的重要实物。

天水秦安县上袁家村秦墓出土两诏铜权铭文拓片

毛家坪遗址

毛家坪遗址位于甘肃省天水市甘谷县磐安镇毛家坪村渭河南岸台地，总面积约60万平方米。2013年以来共发掘墓葬约200座，出土春秋、战国时期的各类文物1000余件。其中，发掘车马坑5座，大型墓葬两座，一座为级别较高的贵族墓葬。该遗址的发掘为2700年前设县的"华夏第一县"——冀县的确认提供了重要物证，在学术史上有着重要意义。

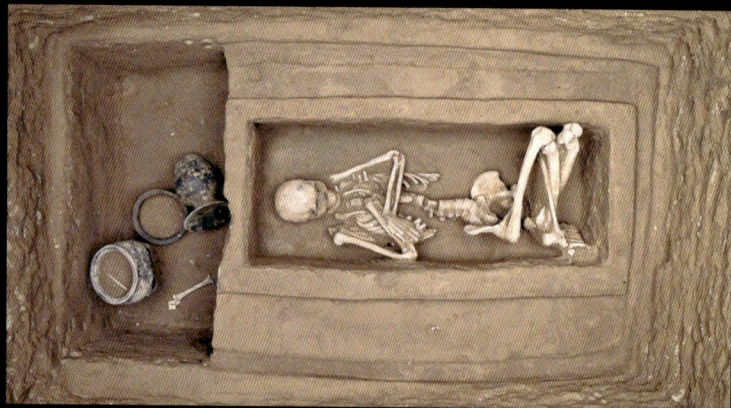

天水毛家坪遗址春秋时期屈肢葬

天水毛家坪遗址出土车马坑

毛家坪遗址远眺图

马家塬遗址

马家塬遗址位于甘肃省天水市张家川回族自治县木河乡桃园村马家塬，面积约80万平方米，其中墓葬面积约3万平方米。2006年8月，经国家文物局批准，对遗址进行了抢救性发掘。截至目前，共发掘大小墓葬68座，出土豪华车乘20余辆及青铜器、车饰件、金银箔饰片、釉陶珠、玛瑙等珍贵文物15000余件。被评为"2006年全国十大考古新发现"之一。2013年5月，马家塬遗址被国务院公布为第七批全国重点文物保护单位。

马家塬金带扣

马家塬 M16 墓主

马家塬遗址远眺图

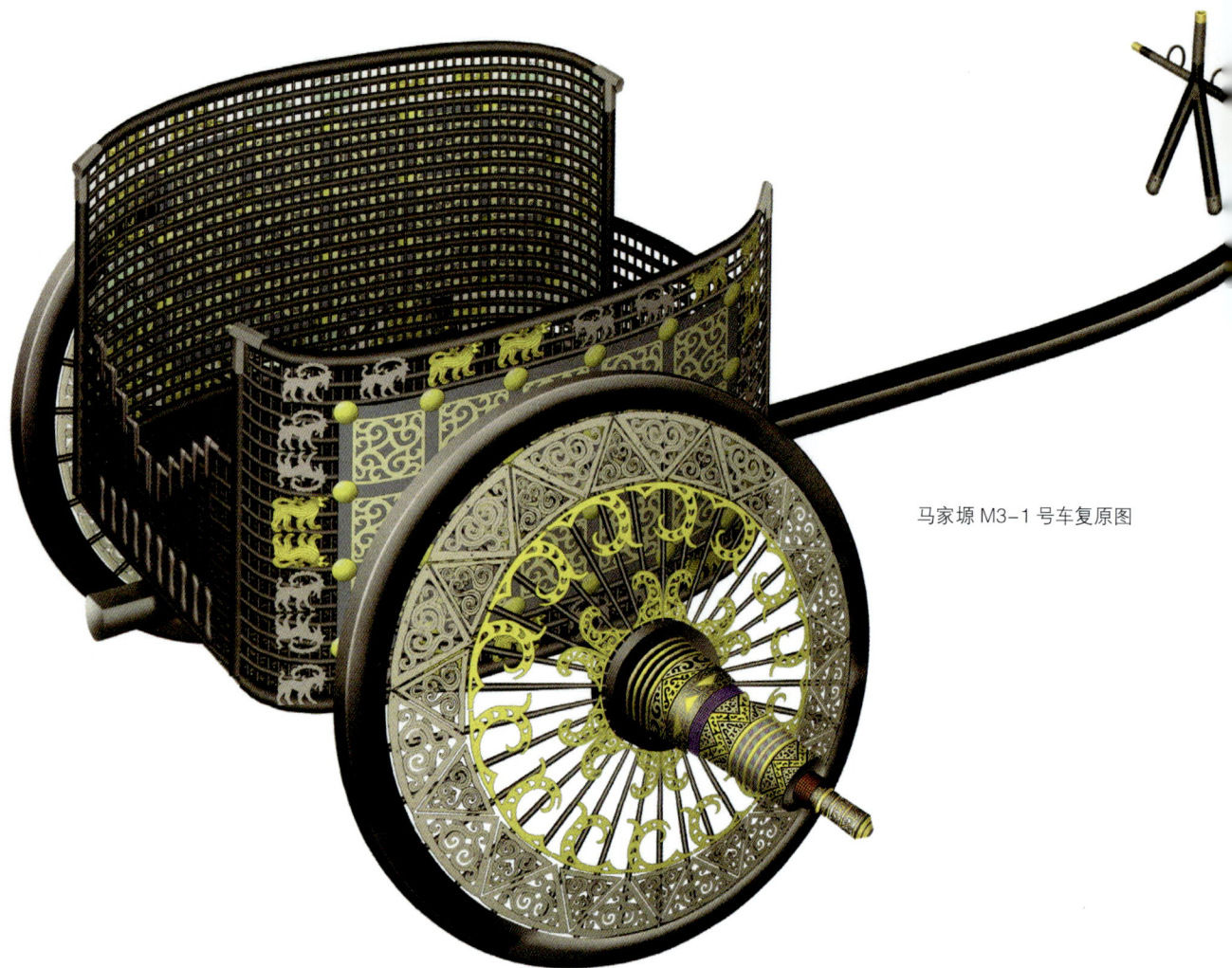

马家塬 M3-1 号车复原图

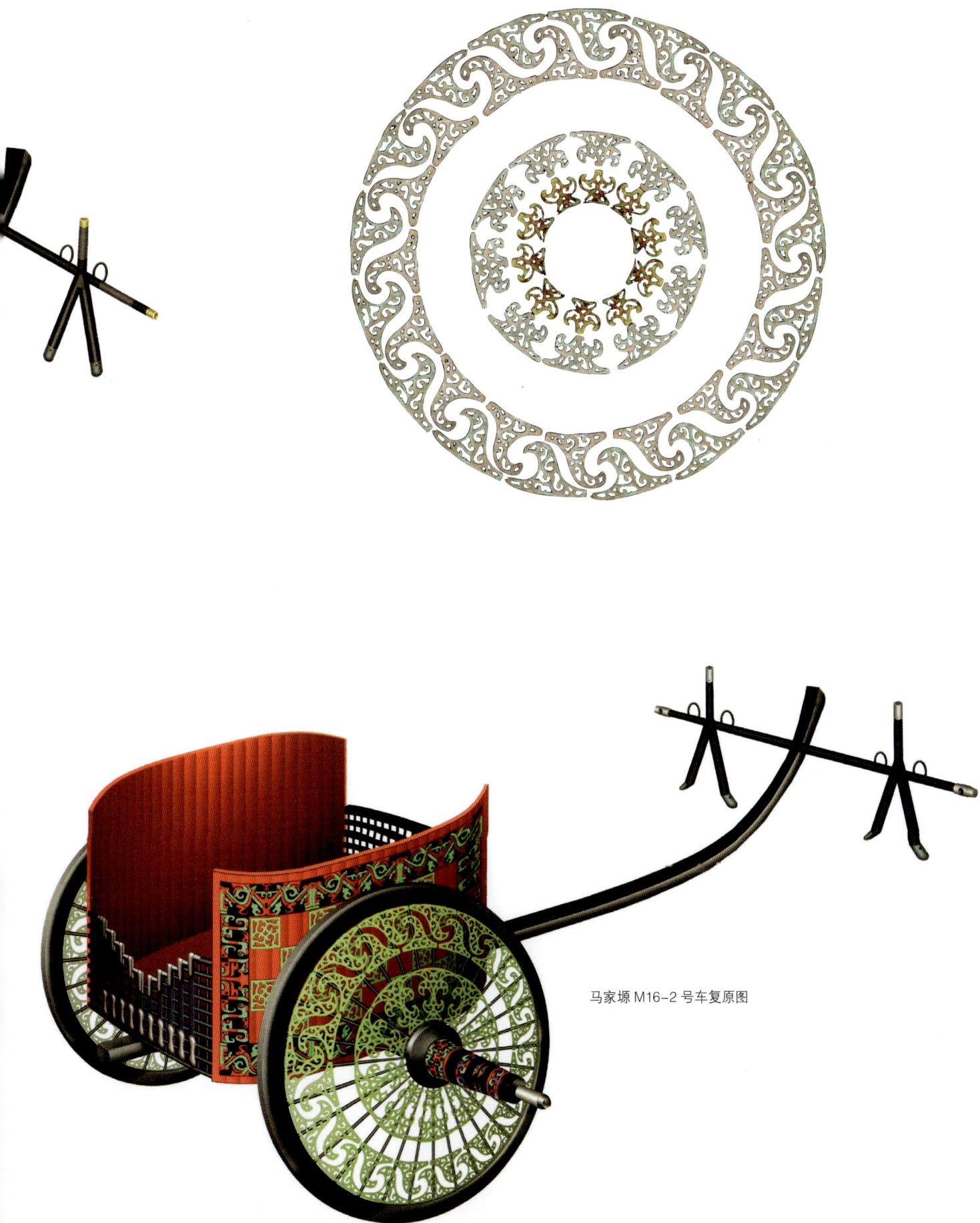

马家塬 M16-2 号车复原图

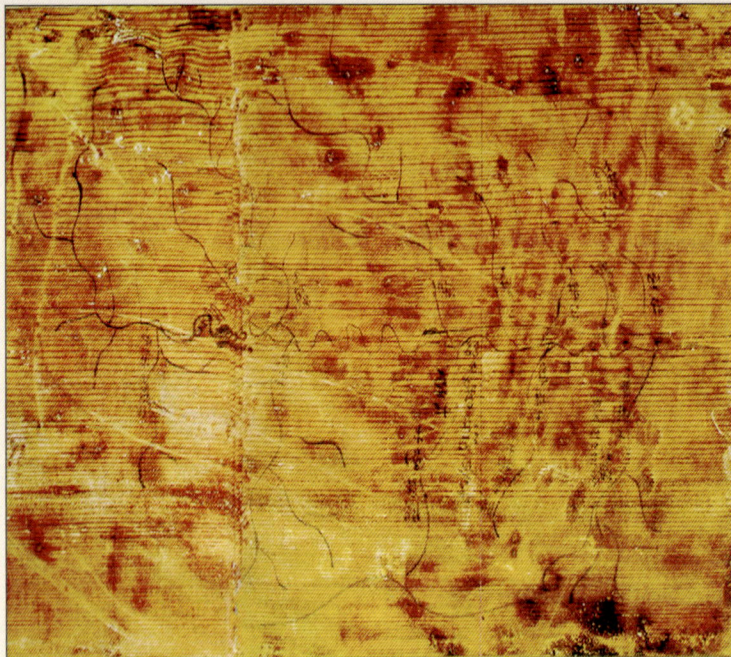

麦积区放马滩战国墓出土木板地图　　　　麦积区放马滩战国墓出土木板地图水系复原图

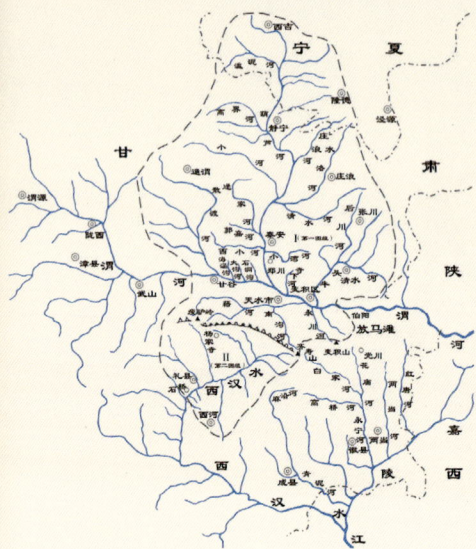

释文

① 入月八日旦南吉日中西吉昏北吉中夜南吉
未旦吉安食可日中凶日失吉夕日凶

② 入月九日旦南吉日中西吉昏北吉中夜南吉
申旦吉安食凶日中吉夕日凶

③ 入月十日旦南吉日中西吉昏北吉中夜南吉
西旦安食凶日中吉日失吉夕日凶

④ 入月十一日旦东吉日中南吉昏北吉中夜北吉
戌旦凶安食凶日中吉日失吉夕日凶

⑤ 入月十二日旦东吉日中南吉昏西吉中夜北吉
子旦有言喜听安不听书得美言夕得美言

⑥ 入月十三日旦东吉日中南吉昏西吉中夜北吉
丑旦有言怒安得美言书遇恶言夕恶言

⑦ 入月十四日旦东吉日中南吉昏西吉中夜北吉
寅▢

⑧ 入月十五日旦东吉日中南吉昏西吉中夜北吉
卯旦有言听安许书听夕不听

⑨ 入月十六日旦东吉日中南吉昏西吉中夜北吉
辰旦有言不听安许书不听夕请谒听

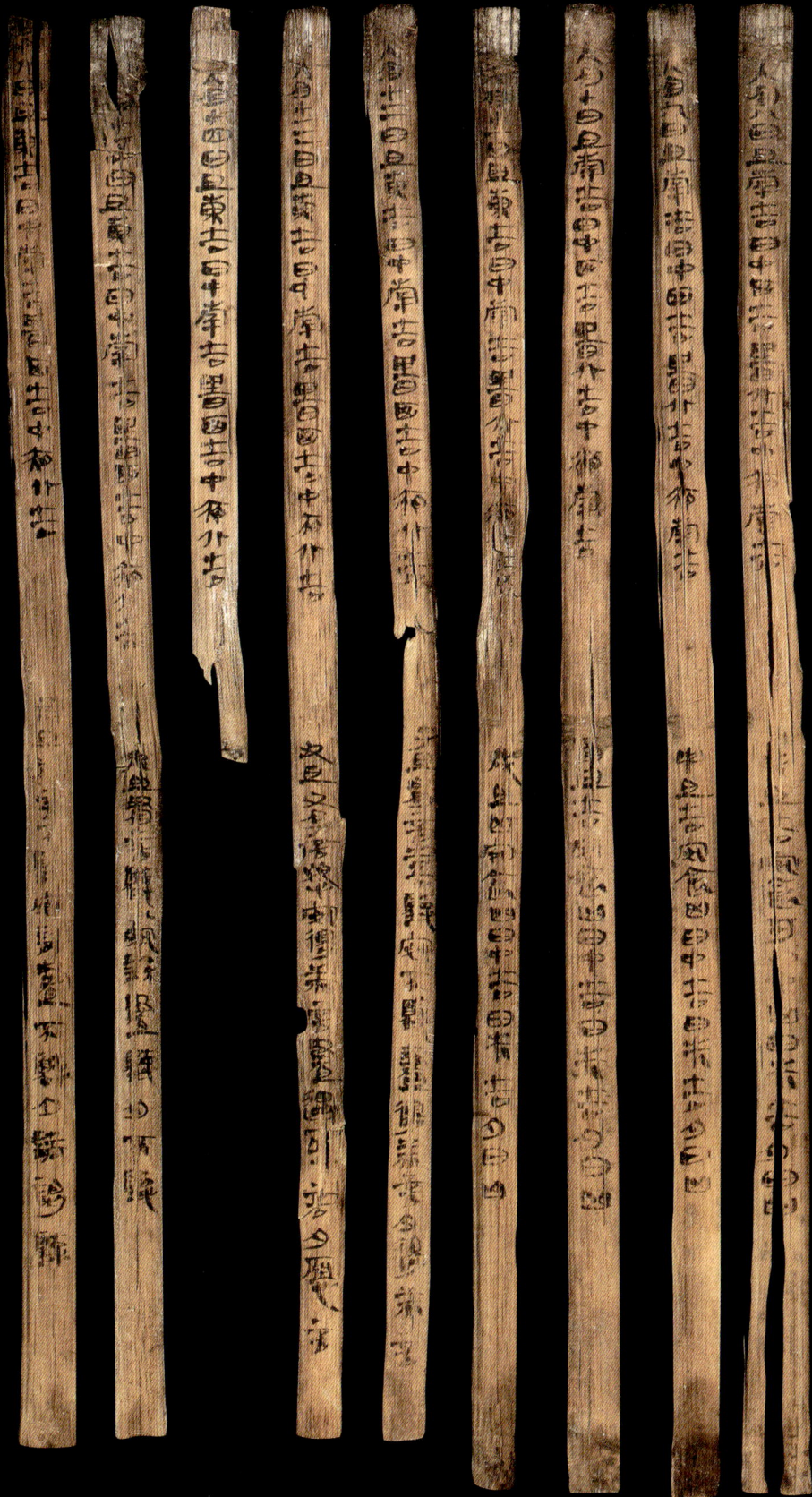

麦积区放马滩战国墓出土秦简

汉代，天水作为中原连接西域的商贸重镇，是盐铁的重要产地，"西州盐井""上邽之铁"闻名于世。《汉书》赞曰："天水完富，士马最强。"这一时期，天水地区涌现出李广、赵充国、李蔡、上官桀等一代名将，也有著名文学家赵壹和出使乌孙的段会宗。

境内出土了数量众多的汉代陶器、青铜鼎、壶、镜、炉、陶屋模型和陶塑等文物，反映了汉代天水经济繁荣、生活富庶的历史景象。

汉华
两物
【汉 代】

公元前206年——公元220年

汉代，天水作为中原连接西域的商贸重镇，是盐铁的重要产地，"西州盐井""上邽之铁"闻名于长安。《汉书》赞誉："天水完富，士马最强"。这一时期天水名人众多，涌现出李广、赵充国、李蔡、上官桀等一代名将，也有著名文学家赵壹和出使乌孙的段会宗。

境内出土了数量众多的汉代陶器、青铜鼎、壶、镜、炉、陶屋模型和陶塑等文物，反映了汉代天水经济繁荣、生活富庶的历史景象。

Abundant Resources of
Western Han and Eastern Han Dynasties
Han Dynasty
206 B.C. --- 220 A.D.

Tianshui, which connected the Western in Han dynasty as the central plain of the commercial and trade center, was the important origin of salt and iron, and is famous for them. 'Hanshu' praised that Tianshui was rich, and military was the strongest. During this period, there were so many famous people, such as Li Guang, Zhao Chongguo, Li Cai, Shang Guanjie, etc. There were also famous writers, Zhao Yi and Duan Huizong. The latter visited Wusun.

Numerous potteries, bronze tripods, pots, mirrors, stoves, pottery houses model, pottery sculptures and other cultural relics of Han Dynasty have been unearthed here that reflected the historical scene of economic prosperity and productive lives of Tianshui in the Han Dynasty.

凫首形青铜壶

西汉

腹径 23.8 厘米，高 39 厘米

1997 年天水市秦城区皇城出土

壶首为一弯曲的凫首：凫鸟长颈弯曲，长喙下垂，双目圆睁。
颈部开一凸边圆口，颈下铆接一圆腹壶。

八千年
记忆

天水市博物馆
通史陈列

第三部分
两汉物华

八千年
记忆

122

青铜壶

汉

口径 13.6 厘米，高 34.7 厘米

1985 年天水市文化馆移交

壶口微侈，内折沿，束颈，圆鼓腹，高圈足；两肩有兽面
纹铺首，颈部、腹部饰有五道弦纹。

青铜壶

青铜博山炉

汉

底盘口径 24.5 厘米，高 24 厘米

天水镇出土

整炉由炉盖、炉身、盘状底座组成。炉盖满镂高低错落的群山叠嶂，时
有炉孔，象征海上的仙山。炉身圆杯状，下接凸箍圆柱，柱下喇叭状底。
底座圆盘形。

青铜博山炉

汉

底盘口径 24.5 厘米，高 24 厘米

天水镇出土

铜壶

汉

口径、底径 11.1 厘米，高 22.6 厘米

天水市秦州区北山皇城采集

侈口，短直颈，广肩圆鼓腹，浅圈足平底。底足纹饰为四条直线直交组成"井"字纹，四角为"L"形纹。

凫首形铜壶

西汉

底径 9.7 厘米，高 28.4 厘米

1996 年天水市建一公司三站移交

圆形垂腹；口部饰为凫首，凫喙张开；头颈部有阴刻短线绒毛。

腹上部有弦纹两周，高圈足。

凫首形铜壶

西汉

底径 9.7 厘米，高 28.4 厘米

1996 年天水市建一公司三站移交

带盖青铜钫

西汉

口径 12 厘米，高 39.5 厘米

1984 年天水市文化馆移交

方口，长颈，方足；盖隆起，四角各一
个蹲坐的兽形钮，面向四方；腹两侧对
称有兽面衔环铺首。

无音孔编钟

一音孔编钟

两音孔编钟

青铜编钟

汉

1997 年天水市秦城区天水镇出土

一套 9 件。编钟由两侧尖锐的扁体共鸣箱、钮组成，钮下舞端部有一小孔，舞呈四边形。

按照音孔数量分为五类：

一、无音孔编钟：共 2 枚，其中一枚共鸣箱两侧铸有变形云雷纹，高 5.4 厘米；另一枚通体素面，高 5 厘米。

二、一音孔编钟：共 2 枚，尺寸一致，高为 6.8 厘米。

三、两音孔编钟：共 3 枚，高分别为 6.1 厘米，6.7 厘米，7.1 厘米。

四、三音孔编钟：共 1 枚，高为 6.9 厘米。

五、五音孔编钟：共 1 枚，高为 6.8 厘米。

三音孔编钟

五音孔编钟

八千年
记忆

天水市博物馆
通史陈列

第三部分 两汉物华

八千年
记忆

130

红陶鸡

汉

长 19 厘米，高 12.8 厘米

1998 年天水秦城区清真食品厂采集

泥质红陶，通体磨光。鸡颈细长，扁尾，整体呈撇口 "U" 字形。圈足底
稍外撇。

灰陶猪

汉

长 16.5 厘米，宽 9 厘米，高 7.8 厘米；重 450 克

秦城区王家磨采集

泥质灰陶。猪站立状，长嘴短腿，形体肥壮；低首，垂耳，垂尾，垂腹。

红陶水管

汉

母径 17 厘米，子径 12 厘米，长 64.5 厘米

2004 年社会征集

泥质红陶。两端开口，一端口部稍向内斜收。管壁通体饰不规则绳纹。

灰陶四合院模型

东汉

长 71 厘米，宽 52.5 厘米，高 33 厘米

藉口镇新窑村出土

泥质灰陶。四合院由四座屋和四个 "L" 型围墙组成，围墙分列四角合成一院。四座屋屋顶均为两坡水悬山顶，屋脊两端上翘，脊砥吻呈三角状，屋面施筒瓦。前后屋体型较大，前屋有双扇门，一门半启，后屋单扇门，门左右两边各开三个横条形小窗；两边侧屋体型较小，一屋上开三个方形小窗，下有 3 个圆形小孔，另一屋有单扇门，门半启。

彩绘陶耳杯

汉

长 11.6 厘米，宽 8.5 厘米，高 3 厘米；重 135 克

1998 年天水清真食品厂采集

泥质红陶。杯口呈椭圆形，深腹弧壁，平底，饼形足，新月形耳，耳面微微上翘。器表有彩绘痕迹，彩绘脱落严重。

绿釉铺首陶壶

东汉

口径 12 厘米，腹径 20.5 厘米，底径 13.3 厘米，通高 30 厘米

2017 年天水市秦州区玉泉镇王家磨出土

壶撇口，长颈，斜溜肩，肩部贴塑对称铺首衔环，扁圆腹，腹下承以外撇八方高圈足。通体施低温铅绿釉。肩、腹部刻划弦纹数道。此壶造型模仿同时期的青铜器，是随葬用品。

釉陶灯

东汉

盏部直径 13.7 厘米、深 2.2 厘米，圈足底径 16 厘米，通高 32 厘米。

2017 年天水市秦州区玉泉镇王家磨汉墓出土

圆盘形灯盏，柄为跪熊形，喇叭口形圈足。柄与盏连接处饰几道凸棱。外表
施绿釉，局部稍泛黄。

绿釉陶井

东汉
底径 15.3 厘米，通高 25.3 厘米
1966 年藉口公社采集

井为筒形，深腹平底，腹部饰三组
弦纹。井沿上竖拱形井架，上置两
面坡亭形建筑；井沿架旁左边置一
陶盆，右边置一陶罐。通体施绿釉。

十二辰规矩纹铜镜

汉

径 13.8 厘米

1987 年 5 月 9 日天水市秦城区皂郊乡贾家寺出土

圆形。圆钮,圆钮座;双线方格,内饰十二乳钉纹,分四组分别排列于方框的四边,乳钉纹之间又规整
地排列"子丑寅卯辰巳午未申酉戌亥"十二地支篆书铭。双线边框与镜缘之间为双线圆圈,将铜镜分为
内外两区,方框四边各向外伸出一"T"形符号与"L"形符号相对,方框四角又与"V"形符号相对,
将镜的内区分为四方八份。在"T""L"符号之间分饰飞禽、走兽、四神、奔马、羽人等图案,踞于东
西南北四方。青龙、白虎、朱雀、玄武四神清晰完整。双线圆圈内为短斜线纹和三角锯齿纹,镜缘为双
线水波纹和流云纹饰。

细线刻花链梁铜罐

汉

腹径 8.5 厘米，高 5.5 厘米

1985 年天水市文化馆移交

器形扁圆。直口带盖，盖饰二对称线刻鹿纹；鼓腹，
三蹄足；肩附二鼻钮，钮带链，一环断缺。腹饰弦纹、
菱格纹、锯齿纹、重鳞纹等。

错银铜带钩

汉

长 15.7 厘米，宽 1.8 厘米

1997 年天水市公安局移交

如意 "S" 形。中有柱钉，用以钉住皮带；一端龙形曲首回钩，以钩挂皮
带。背部错银成菱形纹、圆珠云纹、兽面纹图案。

掐丝焊珠蟠螭纹金带扣

汉

长 7.7 厘米，宽 5.4 厘米

带扣竖长形，下方上圆，由扣首和扣身组成。扣首内两条小龙相对；扣
身略呈圭形，有大龙一条，小龙四条，造型夸张，气势飞动；边饰绳纹、
回纹。在外轮廓边有 14 个小穿孔。整体采用錾刻、掐丝和焊珠等手法，
工艺繁缛，富丽堂皇。

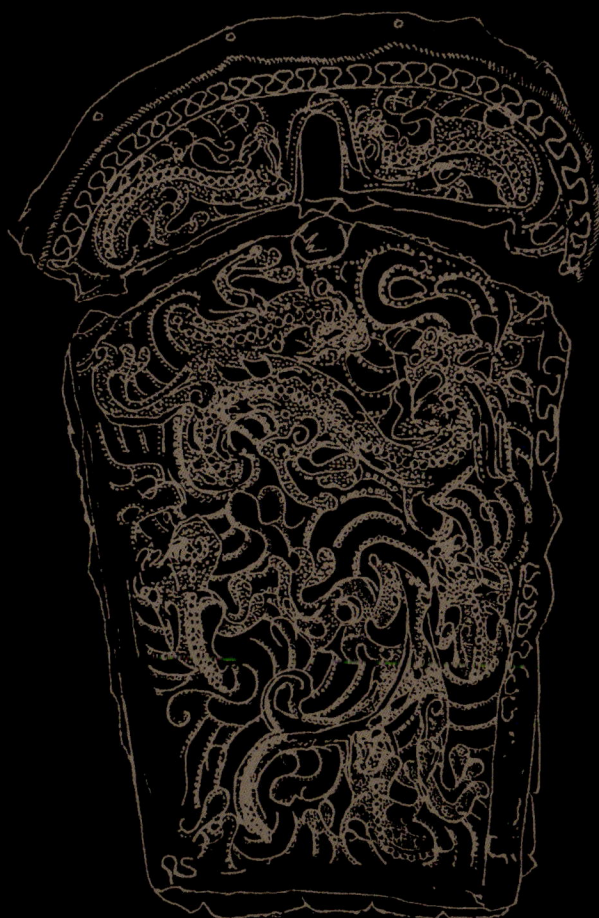

青龙画像砖

东汉

长 29.4 厘米，宽 31 厘米，厚 3 厘米

1980 年社会征集

砖体为青灰色，侧边残缺，砖面近似正方形。砖面正中模印一青龙，作飞翔状，矫健有力，神态生动，青龙图案下方印有三朵四瓣花卉纹。砖面右侧边沿及下方边沿处饰印三角形齿带状纹饰。

四神画像砖

东汉

长 31 厘米，宽 34 厘米，厚 2.3 厘米

1980 年社会征集

砖体为青灰色，正方形砖面。主题图案为四神。砖面图案可见朱雀、青龙、羚羊主体动物形象。
左侧边沿处及砖面下方印有残缺不完整的鹿、花卉、蟾蜍形象。图案细致、姿态生动。砖面
上方边沿处饰印三角形齿带状纹饰。

"虢宫摄耳" 铜灯

汉

径 12.1 厘米，高 3.5 厘米

1985 年天水市文化馆移交

直口、圆盘、浅腹、三兽蹄足，外壁刻铭 "虢宫铜摄耳灯
□□□□两神爵□年造" 十六字。

鎏金錾刻神人双阙纹铜棺饰

汉

直径 25.3 厘米，厚约 0.01 厘米；
重 170 克

1973 年藉口乡新尧出土

圆形，宽边，中间有小孔。正面以中间
圆孔为中心遍布纹饰。圆孔下方有一人
形，头戴笼冠，身着长袍，双手合拱于
胸前，肩后生羽翼。两侧分布有双阙，
形制相同，阙自上而下由阙顶、楼部、
阙身、台基组成；顶为重檐式，檐下有
拱椽，屋顶有锥形饰物。上部两阙间有
三角形饰物，其上有"天"字。

四叶形鎏金银铜棺饰片

东汉
长 49.2 厘米，宽 48.8 厘米
2011 年 8 月社会捐赠

整体呈四个对称镂空柿蒂形，四边角有长条形枝。棺饰上錾刻有神人、神鸟纹饰；
正中为圆形泡钉，上有鎏金银纹饰；背面中空有一支钉，可将棺饰固定。

青玉龙纹蒲璧

西汉
直径 16.3 厘米，厚 0.4 厘米
2007 年社会征集

青玉质，圆形片雕，中有圆孔。两面纹饰相同：孔边及外沿有阴线纹一周，
以阴线相隔为两区。外区饰龙纹，内区饰蒲纹。

青玉谷纹璧

西汉

直径 13.1 厘米，厚 0.4 厘米

2007 年社会征集

青玉质。圆形片雕，中有圆孔，通体谷纹。

玉圭

西汉

长 9.3 厘米，宽 2.4 厘米

1984 年天水市文化馆移交

青玉质。圭形片雕，上尖下方，通体光素。

"樊舆侯印" 铜印

汉

边长 2.2 厘米，高 2.2 厘米

1984 年天水市文化馆移交

方形铜质。蛇钮。印文阴刻 "樊舆侯印" 四字，为官印。

第四部分 魏蜀兵戈

三国（公元二二〇至二八〇年）

东汉时期，天水是陇上军事重镇，汉光武帝时有「得陇望蜀」之说。三国时期，天水是魏蜀双方争夺的战略要地，诸葛亮兵出祁山，姜维北伐中原，围绕争夺天水，发生了许多著名战事，涌现出姜维、庞德等天水籍著名将领。

盘形口，宽边沿，直腹，腹下边缘立有三条长腿兽蹄形足下向上伸出一弧形龙首手柄。口沿及腹部各有三道弦纹。器表呈黑色。

龙首柄铜鐎斗

三国

直径 24.5 厘米，高 35 厘米

1984 年天水市文化馆移交

盘形口，宽边沿，直腹，腹下边缘立有三条长腿兽蹄形足；口沿下向上伸出一弧形龙首手柄。口沿及腹部各有三道弦纹。器表呈黑色。

铜熏炉

三国

口径 11.5 厘米，通高 16.5 厘米；重 1115 克

熏炉由炉身、炉盖两部分组成，子母口。盖为镂空的半球形，饰变形
夔纹。炉体呈半球形。圆盘形底座，中有圆柱与炉体相连。底座上饰
三组夔纹。盘底缺失。

铜熏炉

三国

口径 11.5 厘米，通高 16.5 厘米；重 1115 克

青铜簋

三国

口径 20.5 厘米，高 14 厘米

1984 年天水市文化馆移交

直口束颈，卷唇沿，颈部饰两道凸弦纹；腹部弧收，有两对称兽形铺首；高圈足，稍外撇。

青铜弩机

三国

长 14.5 厘米，宽 12.8 厘米

1990 年社会征集

弩机郭部呈长方形，双牙嵌于其上，一牙与望山相连，望山呈长条状，
郭下有扳机的"悬刀"，可活动。

晋率善羌佰长印

西晋
边长 2.2 厘米，高 3 厘米

方形铜印。驼钮。印文篆书阴刻"晋率善
羌佰长"，为官印。

唐景
隋盛
【隋 · 唐】

公元 581年——公元907年

The Prosperity of Sui and Tang Dynasties
Sui and Tang Dynasties
581 A.D.—907 A.D.

第五部分　渭水梵音

魏晋南北朝（公元二八〇至五八一年）

早在东晋时期，天水就有高僧译经传教，十六国时期的后秦，麦积山始开窟造像。随后，渭河流域开凿了麦积区仙人崖，武山水帘洞，木梯寺，甘谷大像山等石窟，形成了百里石窟走廊。先后修建了建崇寺、瑞应寺、南郭寺等佛教寺院。天水成为陇右地区佛教文化传播中心。

渭水梵音

【魏晋南北朝】

公元280年——公元581年

早在东晋时期，天水就有高僧译经传教。十六国时期的后秦，麦积山开始了开窟造像，随后，沿渭河流域开凿了麦积区仙人崖，武山水帘洞、木梯寺，甘谷大像山等石窟，形成了百里石窟走廊，先后修建了建崇寺、瑞应寺、南郭寺等佛教寺院，天水成为陇右地区佛教文化传播中心。

Buddhist Sound of Weihe River
Wei, Jin, Northern and Southern Dynasties
280 A.D. --- 581 A.D.

As early as in the Eastern Jin Dynasty, there were eminent monks who translated the Buddhist Scripture and preached their religions. In the later Qin Dynasty of the Sixteen Kingdoms Period, people began to make statues in Maiji Mountain. Then, along the Weihe river, there were excavated Xianrenya, Wushan water curtain cave, Muti temple, Gangu elephant mountain and other grottoes, which formed a hundred miles long corridor of grottoes. Afterwards, as Jianchong Teffiple, Ruiying Temple, Nanguo Temple and other temples were successively built, Tianshui has become the Buddhist cultural communication center of Longyou area.

铜佛造像

十六国

高 10.6 厘米

1984 年天水市文化馆移交

佛结跏趺坐于台座之上，施禅定印。佛半圆形高肉髻，面形丰圆，弯眉细目，鼻直唇厚；着通肩佛衣，袈裟自然下垂于座前。台座呈方形并饰狮子护法，佛像背部及台座有用以固定的钮。

造像有舟形背屏，背屏塑有七佛。佛结跏趺坐于"几"字形台座之上，施禅定印。莲瓣形头光，高肉髻，身形修长，着袒右肩式袈裟。

舟形背屏式铜佛造像

北魏

高 9.3 厘米

1984 年天水市文化馆移交

造像有舟形背屏，背屏塑有七佛。佛结跏趺坐于"几"字形台座之上，施禅定印。莲瓣形头光，高肉髻，身形修长，着袒右肩式袈裟。

佛屈右膝坐于台座上，方形台座上为圆形面。造像风格写意，可辨束髻，面部五官及衣着模糊，右手置于右膝，左手上举与肩齐。背光残缺，通体包浆。

铜佛造像

北魏

高 10.3 厘米

1987 年天水市公安局移交

佛屈右膝坐于台座上，方形台座上为圆形面。造像风格写意，可辨束髻，面部五官及衣着模糊，右手置于右膝，左手上举与肩齐。背光残缺，通体包浆。

舟形背屏式铜佛造像

北魏

高 10.7 厘米

1984 年天水市文化馆移交

造像双面雕刻。正面佛结跏趺坐，背屏为莲瓣，饰直线纹光芒，里层圆形小龛内浅雕九尊化佛。背面为重层壁龛，正中的尖拱龛内为释迦、多宝对坐像，龛柱两旁各一合拜供养人，上方各一飞天，拱额上饰八尊化佛，最上层雕一佛及四胁侍菩萨。

北魏

高 10.7 厘米

1984 年天水市文化馆移交

八千年
记忆

天水市博物馆
通史陈列

第五部分 渭水梵音

八千年
记忆

168

铜佛造像

北魏

高 7 厘米

1987 年天水市公安局移交

造像立于"几"字形台座上，足下有半圆形台。
束髻，面长方，身着密褶大衣，施无畏与愿印。
铸工写意，细部难辨。

舟形背屏式铜佛造像

北魏

高 8.3 厘米

1984 年天水市文化馆移交

舟形火焰纹背光前雕一佛二弟子，主尊为菩萨，跣足立于圆形台座上，圆形头光，头戴宝冠，宝缯垂至两肩，披巾下垂，下着密褶裙，双手举于胸前，作礼敬样；二弟子侍立两侧，身披通肩长衫，双手置于胸前。

八千年
记忆

天水市博物馆
通史陈列

第五部分
渭水梵音

八千年
记忆

170

天水市博物馆
通史陈列

舟形火焰纹背屏式石佛造像

北魏

高 25.8 厘米，宽 15.5 厘米

1984 年天水市文化馆移交

灰白花岗岩雕刻。舟形火焰纹背光前雕一佛，佛结跏趺坐，施禅定印，肉髻较高，面相长方，两耳硕大，耳轮垂至肩际，着覆肩袒右式佛衣。

舟形背屏式石佛造像

北魏

高 48.5 厘米，宽 26 厘米

1984 年天水市文化馆移交

舟形背屏前雕一佛，结跏趺坐于倒梯形台上。佛高肉髻，曲眉合眼，小口合闭，双耳硕大，颈部细长；内着僧祇支，外披佛衣；双手作禅定印，腿部以扁平块状呈现。

千佛碑残件

北魏

底长 14 厘米，残高 12.3 厘米

1984 年天水市文化馆移交

灰白花岗岩雕刻。碑上有屋脊，龛内为尖拱形龛；下部并排刻四坐佛，身着通肩大衣，端坐佛台之上。佛面部以上残缺。

舟形背屏式石佛造像

北魏
高 22.3 厘米，宽 9.5 厘米
1984 年天水市文化馆移交

舟形背屏前雕刻一佛，背屏以朱砂、黑色彩绘。佛结跏趺坐于方形座上，施禅定印；肉髻浑圆，面相丰圆，深目高鼻，头大身小，宽度约与两肩相齐，比例夸大，圆肩长颈；着通肩式大衣，袒胸。背面底部刻"大德二年"。

"大德"纪年历史上有两个，一是西夏崇宗（1135~1139 年）李乾顺时期；一是元成宗（1297~1307 年）铁穆耳时期。但这尊造像的风格和雕凿技法等在西夏、元两代均不见，其造像古拙简练，似有早期造像特点。实刻年代尚待考证。

"天合元年"石佛造像

北魏

高 19.7 厘米，宽 7.9 厘米

天水市博物馆旧藏

佛身后有舟形背屏，上刻不规则火焰纹，右边残。佛结跏趺坐，施禅定印；面相丰圆清秀，肉髻圆润，高鼻大眼；着通肩大衣，衣襟交于胸前，内衣至项，衣摆垂于佛座前呈燕尾状，广袖外展，束腰佛座。背面铭文为"天合元年"。

"天合"不见史载。又"天和"为北周武帝宇文邕的年号，即公元 566 年。此处"天合"是否为北周"天和"，待考。

石造像塔

北魏

高 35 厘米，塔底座宽 10 厘米

天水市博物馆旧藏

青灰石质，塔顶雕圆形二级塔刹，塔身四面开龛造像。三面有雕像，且
基本相同，均为圆拱形龛内雕一佛：结跏趺坐于长方形座上，施禅定印；
高肉髻，圆脸；着通肩大衣，衣摆搭于佛座前沿。另有一面只有刻纹，
尚未雕刻，似为未完工作品。

舟形背屏式佛造像

西魏

残高 39.5 厘米、座宽 23.5 厘米

1987 年甘谷县大像山文管所征集于大像山镇何家沟村，甘谷县博物馆藏

花岗岩石质，舟形背屏前雕一佛二菩萨。主尊坐于长方形台座上，有两重圆形头光，高肉髻，面相清秀，细目上翘，细颈袒胸，溜肩，着双领下垂式大衣，内着僧祇支，胸部 "U" 字形衣纹，右手残，腿部以下及佛座均残。二菩萨脚踩花台侍立两侧，均有桃形头光，头戴宝冠，细目弯眉，细颈溜肩，秀骨清像，有项饰披帛，着交领大袖襦并外系长裙，双手置于腹部，衣纹流畅，衣褶垂于地。佛座正前方左下角雕刻有供养人，其余部位现已残。底座两侧各雕一狮子蹲（立）于方形台上。

四面佛石造像塔

西魏大统四年（538 年）

高 57 厘米，宽 47 厘米

1990 年 5 月 4 日秦安县郭集乡邵庄村北湾组出土，秦安县博物馆藏

砂岩石质。现存一层。整个造像塔四面开浅龛，龛内雕刻一主尊二胁侍；
龛下部为供养人。第一、三、四面共刻铭文 160 余字；第四面铭文最多，
达 107 字。

一面

二面

三面　　　　　　　　　　　　　　　　　四面

四面佛石造像塔

北周

长 25 厘米，宽 24 厘米，高 30 厘米

1984 年天水市文化馆移交

造像塔四面均刻尖拱形龛，龛内一佛二菩萨二弟子；主佛居中，身穿通肩大衣，端坐佛台之上；二菩萨侍立两侧，主佛及菩萨之后侧为二弟子。

八千年
记忆

八千年
记忆

天水市博物馆
通史陈列

第五部分
渭水梵音

182

王令猥造像碑

北周建德二年（573 年）

通高 113 厘米，碑身高 67 厘米，宽 39 厘米

1973 年出土于张家川回族自治县

甘肃省博物馆藏

造像碑碑首为四龙交蟠状，两两成对，龙首向外朝下，形成方圆形碑首。造像碑双面雕刻，均为碑身上部开龛雕像，下部刻供养人，并刻有铭文。

四面佛石造像塔

北周

通高 109 厘米

秦安县出土

甘肃省博物馆藏

砂岩石质。存有三层，一石一层，每层四面皆开龛造像，计有 12 龛。该塔造像内容丰富，有舍身饲虎本生、涅槃、交脚菩萨、二佛对坐说法等。佛座形式亦雕刻多样。各主尊佛像肉髻较低，面形圆润；头部偏大而身体比例偏短小，身躯略显粗壮；着双领下垂或圆领通肩袈裟，衣裾底边呈圆弧状内收，右肩衣襟绕搭于左肘上，衣着紧裹躯体。菩萨像均头戴三瓣莲式宝冠，面形方圆饱满。

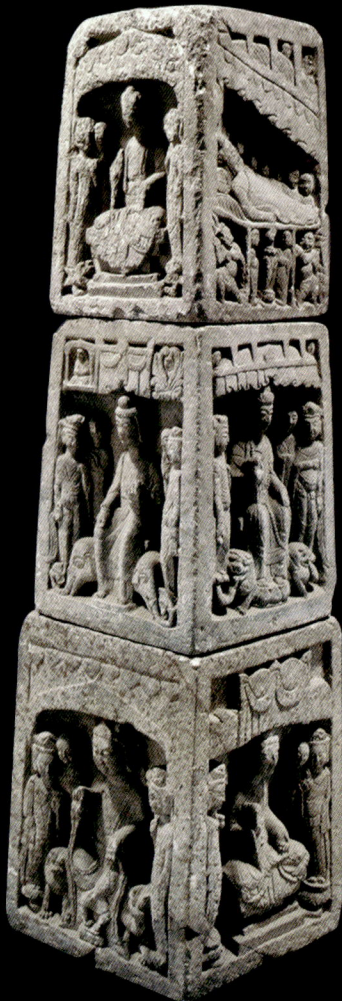

第一层第一面

第一层第二面

第一层第三面

第一层第四面

八千年
记忆

天水市博物馆
通史陈列

第五部分
渭水梵音

186

第二层第一面

第二层第二面

第二层第三面

第二层第四面

第三层第一面

第三层第二面

第三层第三面

第三层第四面

八千年
记忆
通史陈列
天水市博物馆

第五部分
渭水梵音

188

西魏大统二年石造像塔

西魏大统二年（536年）
通高170厘米
秦安县出土，甘肃省博物馆藏

砂岩石质。该塔为三层楼阁式出檐方塔，由基座、塔身三件、塔檐三件和塔刹一件，共八件组成。塔分三层，每层由塔檐分隔，檐面四角起脊，坡面刻瓦垄。塔身四面开龛造像。基座四面浮雕供养人及造像发愿文。纪年为"大统二年"。

权氏造千佛碑

西魏大统十二年（546年）
碑高120厘米，宽67.5厘米
秦安县出土，甘肃省博物馆藏

碑首为四龙蟠交式。碑阳碑额两龙身相交正中处雕兽面，兽面下龛内雕一佛二弟子二菩萨。大龛之下又雕七个小坐佛龛。碑阳雕10行浮雕站立千佛，每行30身，共300身。

千佛之下依次雕刻供养人（中间夹以铭文）、车马出行图。

碑阴碑额上部圆拱形龛内亦雕一佛二弟子二菩萨，龛外两侧刻两只护法狮子及驭狮奴。大龛上雕刻两身飞天。碑身雕刻千佛，千佛下刻发愿文："大魏大统十二年□□弟子权旱□供养佛。"碑左侧面为千佛，右侧面上部雕千佛、下部为供养人。

甘肃出土唐三彩凤首壶　　　　　　西安出土三彩胡人牵驼俑　　　　　　　西安出土三彩骑马俑队列

杜甫秦州杂诗之三

州图领同谷
驿道出流沙
降虏兼千帐
居人有万家
马骄朱汗落
胡舞白蹄斜
年少临洮子
西来亦自夸

第六部分　隋唐盛景

隋唐（公元五八一至九〇七年）

隋唐时期，政治稳定、经济发达、文化空前繁荣。随着东西文化、商贸交流融合的进一步加强，南来北往的商贾络绎不绝，促进了天水地区经济文化的大发展。

唐代宗宝应二年（七六三年），吐蕃占据河西、陇右一带，天水成为中原和吐蕃等少数民族进行经济、文化交流的重要地区。

隋唐盛景【隋、唐】

公元581年——公元907年

隋唐时期，政治稳定，经济发达，文化空前繁荣。随着东西文化、商贸交流融合的进一步加强，南来北往的商贾络绎不绝，促进了天水地区经济文化的大发展。

唐代宗宝应二年（763年），吐蕃占据河西、陇右一带，天水成为中原和吐蕃等少数民族进行经济、文化交流的重要地区。

The Prosperity of Sui and Tang Dynasties
Sui and Tang Dynasties
581A.D. — 907A.D.

During the Sui and Tang Dynasties, because of the stable politics and developed economy, cultural prosperity were unprecedented. With the further strengthening of cultural and commercial exchanges, there was an endless stream of merchants from south to north, which promoted the great development of economic culture in Tianshui.

In the second year of Baoying of Emperor Tang Daizong(763A.D.), Tubo occupied Hexi and Longyou areas, and Tianshui became an important area for economic and cultural exchanges between the central plains and the Tubo minority.

贴金彩绘围屏石榻

隋

长 218 厘米，宽 115 厘米，高 123 厘米

1982 年天水市秦城区石马坪墓地出土

石榻为砂页岩质，由大小不等的 17 方画像石和 8 方素面石条组成
榻座、榻板和屏风。正面榻座由 2 方画像石拼成。榻板由 4 块长
115 厘米、宽 51.5-59 厘米、厚 9 厘米的石条拼接而成。屏风由
11 方高 87 厘米、宽 30-46 厘米的画像石组成，背面块与块之间
采用燕尾槽连接。

贴金彩绘乐伎俑

一套 5 件

隋

俑高 33、33、32、33、32 厘米

1982 年天水市秦城区石马坪墓地出土

执琵琶俑、执笙俑位于石榻左侧，执横笛俑、执贝蠡俑、执排箫俑位于石榻右侧。

五俑均深目高鼻，疑为西域人物。执琵琶俑头戴平顶交角幞巾，身着圆领紧袖紧身左衽长袍，腰束绦带，跪坐姿势，双手横抱一曲项琵琶，左手执把，右手弹拨。执笙俑身着圆领紧袖左衽束腰长袍，跪坐姿势，双手执笙，作吹奏状。执横笛俑头戴高角软巾，身着圆领紧袖左衽束腰长袍，跪坐姿势，双手执横笛，作吹奏状。执贝蠡俑头戴高角软巾，身着圆领紧袖左衽束腰长袍，跪坐姿势，双手执贝蠡，作吹奏状。执排箫俑头戴高角软巾，身着圆领紧袖左衽束腰长袍，跪坐姿势，双手执排箫，作吹奏状。

观音菩萨石造像

隋

像高 132 厘米

秦安县城出土，甘肃省博物馆藏

佛像头戴四瓣花冠，冠正面饰阿弥陀佛像。袒上身、斜披璎珞，颈佩宽边项圈，正中缀一宝石；左右肩头各饰三条披带，璎珞交叉于腹前圆环中；下身系大裙，并在腹部翻出一截，衣纹疏朗。右手屈肘上举持莲蕾，左手下垂持净瓶，跣足立于座上。

青釉双龙柄壶

隋

口径 8.8 厘米，高 23.5 厘米

2006 年社会征集

壶为盘口，细长颈，丰肩鼓腹，肩左右两侧各塑一
条修长的龙形柄，龙头衔接壶口。胎质纯净细腻，
釉色光亮温润，有细小的冰裂纹。

彩绘陶舞马

唐

长 41.3 厘米，宽 18 厘米，高 42 厘米

1976 年天水市秦城区北山采集

泥质灰陶，胎质细密紧实，通体灰白。头、颈、鞍等处涂红。马身备鞍鞯，头饰鞁、镳、勒，前腿提起，左蹄弯曲；长鬃随马首偏向右边，张嘴嘶鸣，缚尾。

红陶骆驼俑

唐

长 38 厘米，宽 26 厘米，高 40 厘米

秦州区瓦窑坡出土

红陶质。骆驼昂首直立作嘶鸣状。竖耳、睁目，头上、颈
下鬃毛疏剪整齐。背峰两侧有架，背负丝包。

红陶骆驼俑

唐

长 38 厘米，宽 26 厘米，高 40 厘米

秦州区瓦窑坡出土

彩绘陶弹琵琶骑马女俑

唐

长 35 厘米，宽 19 厘米，高 26 厘米

1976 年天水市秦城区西湖嘴采集

泥质红陶，素施红彩。马竖耳、短鬃、扎尾，站立于长方形底板上，作前视状。马上伎乐面向右侧，胸前怀抱琵琶，左手执相，右手执拨，作弹奏状。琵琶为半梨形音箱，直颈五弦。

彩绘陶吹排箫骑马女俑

唐

长 35 厘米，宽 18 厘米，高 25 厘米

1976 年天水市秦城区西湖嘴采集

泥质红陶，素施红彩。马昂首竖耳、短鬃、扎尾，站立于长方形底板上，作前视状。马上伎乐头绾高髻，上着窄袖紧身翻领长衫，下穿紧身裤，足蹬软靴。面向左侧，双手执排箫，作吹奏状，排箫为九结编管状，按长短排列。

彩绘陶击鼓骑马男俑

唐

长 35 厘米，宽 18 厘米，高 25 厘米

1976 年天水市秦城区西湖嘴采集

泥质红陶，素施红彩。马膘肥体壮，昂首竖耳、扎尾，站立于长方形底板上。马上伎乐头戴幞头，上着窄袖圆领长衫，下穿长裤，足蹬长靴。身体微向右倾，左手执一圆形皮鼓，高举过头顶左侧，右手执鼓槌作击鼓状。

彩绘陶击鼓骑马男俑

唐

长 35 厘米，宽 18 厘米，高 25 厘米

1976 年天水市秦城区西湖嘴采集

彩绘陶吹横笛骑马男俑

唐

长 35 厘米，宽 17 厘米，高 25 厘米

1976 年天水市秦城区西湖嘴采集

泥质红陶，素施红彩。马膘肥体壮，昂首竖耳、扎尾，站立于长方形底板上。
马上伎乐头戴幞头，上着窄袖圆领长衫，下穿长裤，足蹬长靴。身体微
向右倾，双手执笛鼓腮，作吹奏状。

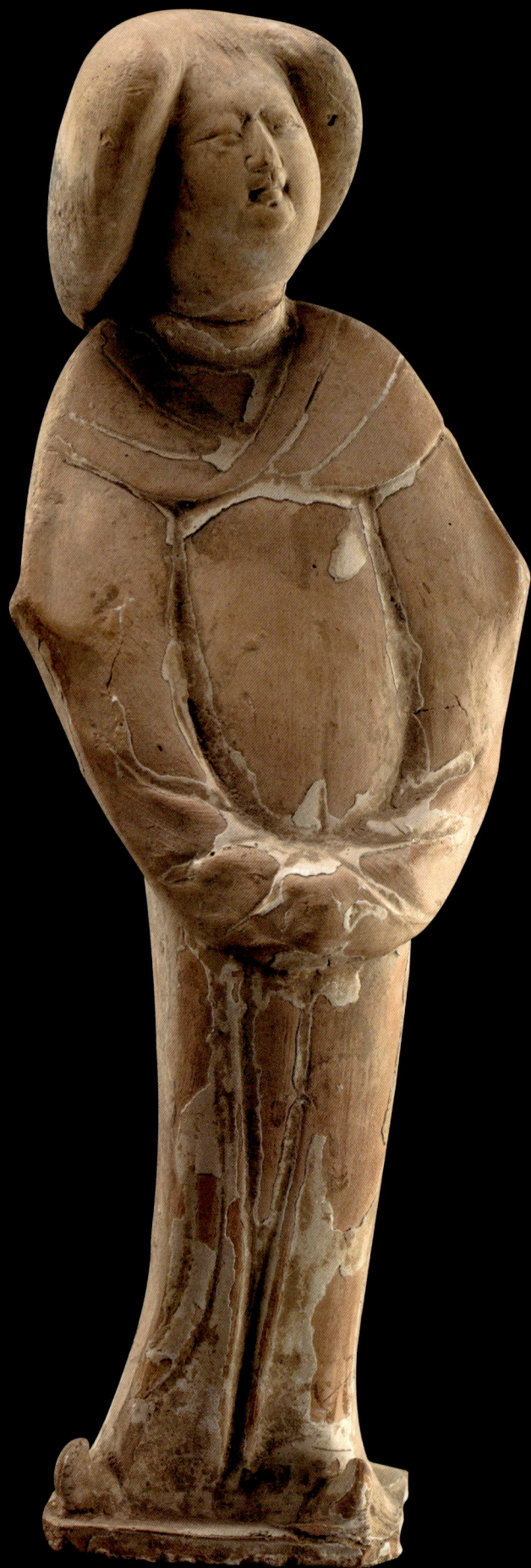

彩绘陶女侍俑

唐

宽 4.5 厘米，高 28 厘米

1976 年天水市秦城区北山皇城采集

泥质红陶。女俑头梳双髻，上着交领窄袖襦裙，鞋头上翘，双手拱贴于腹部藏于袖中，抬头作站立观望状。女俑面颊圆润，体态丰腴，仪表娴雅。

彩绘陶男侍俑

唐

长 4.6 厘米，宽 3.7 厘米，高 24.5 厘米

1976 年天水市秦城区北山皇城采集

泥质红陶。男俑头裹幞头，身着圆领宽袖长袍，右手贴于胸前，左手垂于腹侧，头微左倾，面部丰润，表情严肃，作侍立状。

彩绘陶武士俑

唐

长 22.5 厘米，高 50 厘米

秦城区西湖嘴出土

红陶质，素施红彩，有贴金残留。俑面双眉紧蹙，双眼圆睁，张嘴露齿。足蹬长革切夹头靴。赤臂握拳，双手拱于腹前，作持械状。右腿直立，脚踩鹿背，左腿弓起，足踏鹿首。

彩绘陶天王俑

唐

长 19 厘米，宽 27.5 厘米，高 62 厘米

秦城区陈家庄出土

素施红彩，有贴金残留。俑面双眉紧蹙，双眼圆睁，张嘴露齿。俑身
着金甲，腰系战裙，腿裹行滕；右手持握兵器（缺），左手施无畏印，
两足踏在恶鬼身上。恶鬼头生独角，两臂肘撑地仰卧，面目狰狞。

彩绘陶天王俑

唐

长 20 厘米，宽 27.5 厘米，高 54 厘米

1987 年秦城区陈家庄出土

素施红彩，有贴金残留。武士面部双眉浓重，大鼻头，肌肉丰满，面目
棱角分明。身着紧身软甲，腰系战裙，赤臂握拳作怒打状，跣足踏在恶
鬼背上。恶鬼脚分两指，手生三指，头长独角，面目狰狞丑陋。双腿膝
屈俯卧在地。

三彩骑马俑队列

唐

俑长 36 厘米，宽 12 厘米，高 36~38 厘米

秦安县叶家堡出土，甘肃省博物馆藏

这组三彩骑马俑共 7 件，其中男俑 3 个，女俑 4 个，分别施黄、白、绿、褐等色釉。女骑俑均头饰高髻，身穿窄袖圆领或 "V" 形领紧身衣。男骑俑均头戴软幞头，身着圆领窄袖紧身衣。其中一男俑深目高鼻，络腮胡须旋颊及耳，身穿翻领胡式大衣，足着长靴，为典型的胡人形象。

三彩天王俑

唐

高 158、162.7 厘米

秦安县叶家堡出土，甘肃省博物馆藏

一组两件。一俑头戴鹖冠，面部无釉，眉毛、眼睛、胡须为墨绘，怒目圆睁，右手叉腰，左手握拳，身穿甲胄，龙首护膊，腹部有护甲，腰中系带，腰下垂膝裙，下缚吊腿，一腿直立，一腿微屈，足踏小鬼，小鬼伏卧作挣扎状。另一俑身穿甲胄，怒目圆睁，左手叉腰，右手握拳高举，足踏小鬼，表现了天王威猛不可侵犯的形象。

兽首面目狰狞，獠牙呲露，凶猛异常，有很强的威慑力。

三彩镇墓兽

唐

高 130.2 厘米，宽 58.8 厘米

秦安县叶家堡出土，甘肃省博物馆藏

陶胎，质较松，施赭、黄、绿色釉。头生角，耳竖立，头、背喷火焰，双目圆睁，昂首挺胸，前肢直撑，后肢屈蹲。兽首面目狰狞，獠牙呲露，凶猛异常，有很强的威慑力。

三彩凤首壶

唐

壶高 31 厘米

甘谷县出土，甘肃省博物馆藏

胎呈白色，各部位交错地施绘赭红、黄、青三
釉色。直口，细颈，椭圆腹，高圈足。口颈相
交处作一凤首，凤眼圆睁，啄张衔珠，神姿英
发。凤冠长伸至腹为柄。腹中央凸起四瓣形团
花，圈足雕塑垂莲瓣纹。三彩凤头壶造型受波
斯萨珊王朝器形的影响，是中西文化风格融合
一体的见证。

陶大唐舍利塔之碑

唐

长 23 厘米，宽 18 厘米，高 49 厘米

1987 年天水市秦城区陈家庄采集

泥质灰陶。碑由碑首、碑身、碑趺坐三部分组成。碑首上有螭龙盘成拱顶；碑身三面刻有 295 字，楷书，字体端庄厚重，碑文载有"镇于唐邦川""天宝六载"及"永安寺"等历史地理信息，史料价值极高；碑座为龟形，龟首残缺。

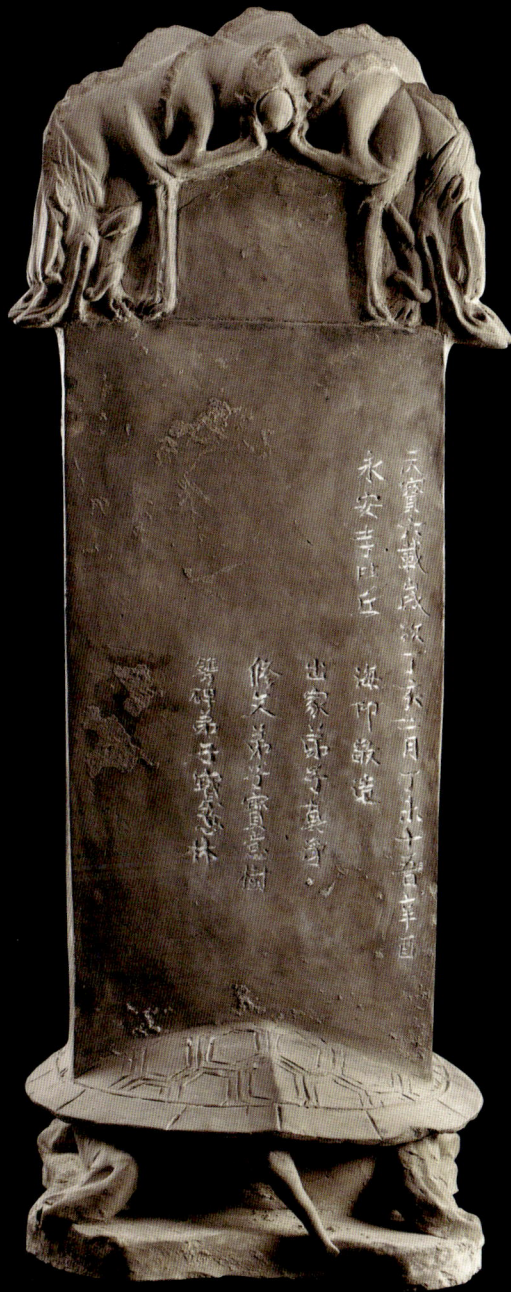

（正面）三寶弟子藏咸次□未二月□□十晉章□
永安寺比丘
　　　返卭敬造
出家弟子真寶ヽ
修失弟子寶惠閣
等碑弟子藏惠林

229

鎏金十一面观音铜造像

唐

通高 84.5 厘米，宽 32 厘米

整件造像由青铜铸造，浑身鎏金。菩萨头戴天冠，生六臂十一面，自下而上十一面呈三、四、一、二、一排列，其中九个菩萨头像分四层布于主面的天冠之上，菩萨主面宝冠中有阿弥陀佛结跏趺坐像。六臂在身体两侧呈三层排列，其中最上面两手向上托举；中间两手虚合掌，双拇指并竖，两食指弯曲如钩形，结为秘密真性如意珠印；下方两臂下垂，拇指与中指相捻，结灭恶趣印。观音主面慈祥和善，身披天衣，下身着裙，挂饰璎珞，腕戴手镯，具有菩萨造像的种种庄严。观音立像下为四层七宝台。

鎏金观音菩萨铜造像

唐

高 7.6 厘米

1987 年天水市公安局移交

菩萨头戴化佛冠，宝缯下垂至肘下，披帛自
肩下垂至莲台两侧外，上身半裸，下着裙，
右臂屈肘上举，持拂尘，左手下垂提净瓶，
跣足立于束腰莲座上。下承八角台座。

鎏金菩萨铜造像

唐

高 6.6 厘米

1987 年天水市公安局移交

菩萨半跏趺坐于束腰六棱须弥座上，高发髻，
头后有火焰形背光，袒胸露腹，下着长裙，
一帛带经右肩垂于左膝，右手上举与肩平，
左手下垂，扶于左膝，双足跣露。台下有方
形四足座。

立佛铜造像

唐

高 9.8 厘米

1987 年天水市公安局移交

佛立于上圆下方两层台座上，扁平肉髻，施
无畏与愿印，着通肩袈裟，佛有叶形背屏，
饰火焰纹及圆圈纹。

鎏金铜舍利函盖

唐

长 29 厘米，宽 12 厘米

天水市秦州区陈家庄出土

瓦形，前宽后窄。盖面通体鎏金，錾刻牡丹草叶纹，
瓦面周边有凹弦纹一周。

白釉荷叶形口高足杯

唐

口径 7.5 厘米，底径 3.8 厘米，高 7 厘米

1982 年秦城区石马坪采集

通体施白釉，杯口呈六瓣状，深腹，高足呈
喇叭状，饰以弦纹。

海兽葡萄纹铜镜

唐
直径 13 厘米，厚 0.8 厘米
1984 年社会征集

圆形，伏兽钮。双线高圈将镜背分为内、外
二区：内区五瑞兽两两相向，一独处，攀援
葡萄枝蔓，瑞兽作匍匐状，露出脊背；外区
葡萄与叶瓣错纵交缠，其间五鸟、五蜜蜂相
间；缠枝花草缘。

兽形铜棺饰

唐

长 6.6 厘米，宽 3.9 厘米，厚 0.25 厘米

2018 年天水市秦州区中梁卢家湾唐墓出土

身材较为纤长，作跳跃状。细线刻划头部鬃毛，张开大嘴；腰部有翅膀，羽毛较短，腹下用短线刻划兽毛。四爪较细，作跃起状，尾巴粗长，向后扬起。

兽形铜棺饰

唐

长 5.5 厘米，宽 4 厘米，厚 0.25 厘米

2018 年天水市秦州区中梁卢家湾唐墓出土

身材粗短，作飞奔状。头部有一支短角，鬃毛上扬，怒目张口，腰部有翅膀，羽毛粗长，作展翅状，腹下用短阴线刻划兽毛。四爪粗壮有力，作飞奔、腾起状，尾巴粗大，向后扬起。

瓷盏

唐

口径 8.2 厘米，底径 4.3 厘米，高 3.2 厘米

2018 年天水市秦州区中梁卢家湾唐墓出土

侈口，圆唇，斜弧腹，小平底。内壁施酱黄釉，口沿及外壁露胎，胎色白中泛黄，胎质致密。从底部可见明显的轮制痕。

北宋时期，天水是中原与西北少数民族经济文化交流的重要地区。商贸活动以茶叶、马匹交易为主。北宋熙宁七年（一〇七四年），朝廷在秦州设买马司，专管茶叶与马匹交易，天水成为「最为关陇之盛」的富庶之地。

南宋时期，宋、金在天水展开军事争夺战，同时，设立榷场发展贸易。金章宗时，秦州西子城榷场一年获利十二万贯，当时贸易之繁荣可见一斑。

茶马大市【宋、金】

公元960年——公元1279年

北宋时期，天水是中原与西北少数民族经济文化交流的重要地区，商贸活动以茶叶、马匹交易为主，北宋熙宁七年（1074年），朝廷在秦州设买马司，专管茶叶与马匹交易，天水成为"最为关陇之盛"的富庶之地。

南宋时期，宋、金在天水展开军事争夺战，同时，设立榷场发展贸易。金章宗时，秦州西子城榷场一年获利十二万贯，当时贸易之繁荣可见一斑。

Tea-horse Interchange Trade
Song and Jin Dynasties
960A.D. — 1279A.D.

During the Northern Song Dynasty, Tianshui was an important area for economic and cultural exchanges between central plains and northwest minorities. Trade was dominated by tea-horse interchange. In the seventh year of Ximing in the Northern Song Dynasty (1074), the imperial court set up horse trade office in Qinzhou to manage tea-horse interchange trade. And Tianshui was the most prosperous place in Guanlong area.

During the Southern Song Dynasty, there was a battle in Tianshui between Song and Jin and bazaar was established at the same time to develop the trade. At the time of Jin Zhangzong, the bazaar in Xizi city of Qinzhou was able to make a profit of 120 thousand guan a year, which was evidenced by the prosperity of trade.

耀州窑青釉十三瓜棱执壶

宋

口径 9.5 厘米，底径 11.3 厘米，高 22.1 厘米

1993 年天水市秦城区公安局移交

喇叭形口，圆唇，束颈，鼓腹，矮圈足略外撇。肩一侧出一
细长流，另一侧与口沿接一带状执柄。口沿下、颈部、肩部
饰弦纹。腹上饰十三条瓜棱纹。通体施青釉。

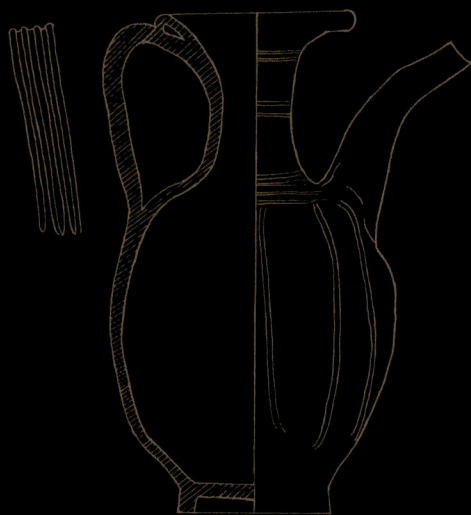

耀州窑青釉刻花六出筋碗

宋

口径 11.7 厘米，底径 4.4 厘米，高 5.7 厘米

秦州区瓦窑坡采集

敞口，卷唇，弧腹，圈足。整体施青釉。内壁口沿至底部饰
六道棱形分割线；外壁刻划花卉纹。

耀州窑青釉碗

宋

口径 17.6 厘米，高 7.3 厘米

1996 年天水市公安局移交

敞口，尖唇，斜弧腹，矮圈足。底部可见窑粘。
通体施青釉。

白釉葵口碗

宋

口径 15.1 厘米，高 4.5 厘米

1974 年天水市秦城区杜家沟采集

敞口，尖唇，斜腹，矮圈足。唇部有六个豁口形
成葵口，外壁口沿下饰两道弦纹。通体施白釉。

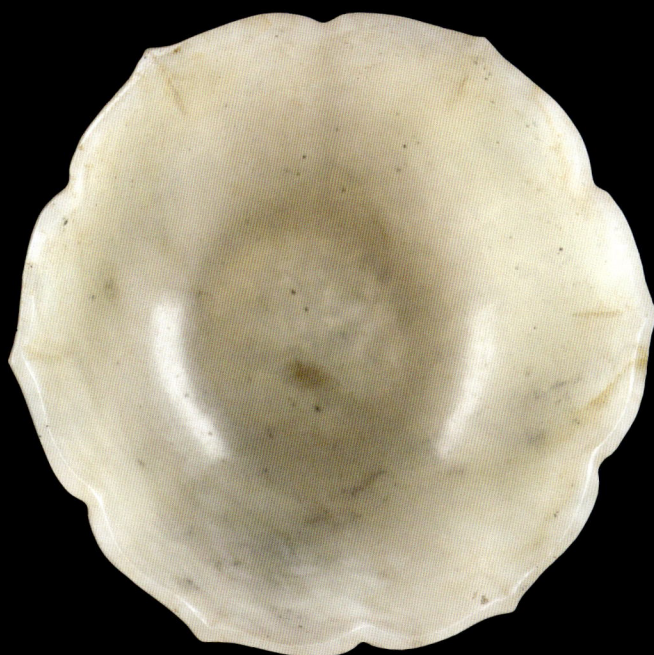

青玉盏

宋

口径 5.5 厘米，高 2.6 厘米

1984 年天水市文化馆移交

青玉质。葵口，矮圈足，腹部出六曲弧棱。

磁州窑珍珠地剔牡丹纹瓷枕

宋
长 21.3 厘米，宽 13.4 厘米
1972 年秦城区玉泉观采集

瓷枕马鞍方形。在黑褐色的胎体上施白化妆土，其上为透明釉，
枕面及侧面中部剔刻白化妆土层，露出黑褐色胎体。形成黑白相
间的 "珍珠地子" 及折枝牡丹图案。

八卦纹铜镜

宋

直径 28.5 厘米

1984 年天水市文化馆移交

圆形，圆钮。圆钮座外为汉字八卦卦名，外围由内到外依次为八卦符号、十二时辰动物图案、篆书铭文一圈。铭文为"水银是阴精，百炼得为镜，八卦寿相备，卫神永保命"。

琉璃舍利塔

宋

口径 21.4 厘米，底径 28 厘米，高 79 厘米

1979 年天水市秦城区北山皇城采集

琉璃塔由底座，塔身，塔顶三部分组成。底座下部呈倒置喇叭状，有六个桃形镂空孔洞，底座中部收身束腰，并有六角形镂空仰莲，各角上都有圆形依柱，柱额上各有一瑞兽，施黄釉。底座中间为塔柱，柱外为平底，柱上为多层仰莲直接承托较高的塔身。塔身为仿木构楼阁式建筑，四周雕刻门窗、柱额、屋檐以及天神等造型，攒尖顶上有戗脊飞檐出挑，脊端有兽。塔顶上设十三层相轮，再上有仰莲瓣承托黄色宝瓶。通体施翠绿色铅釉。

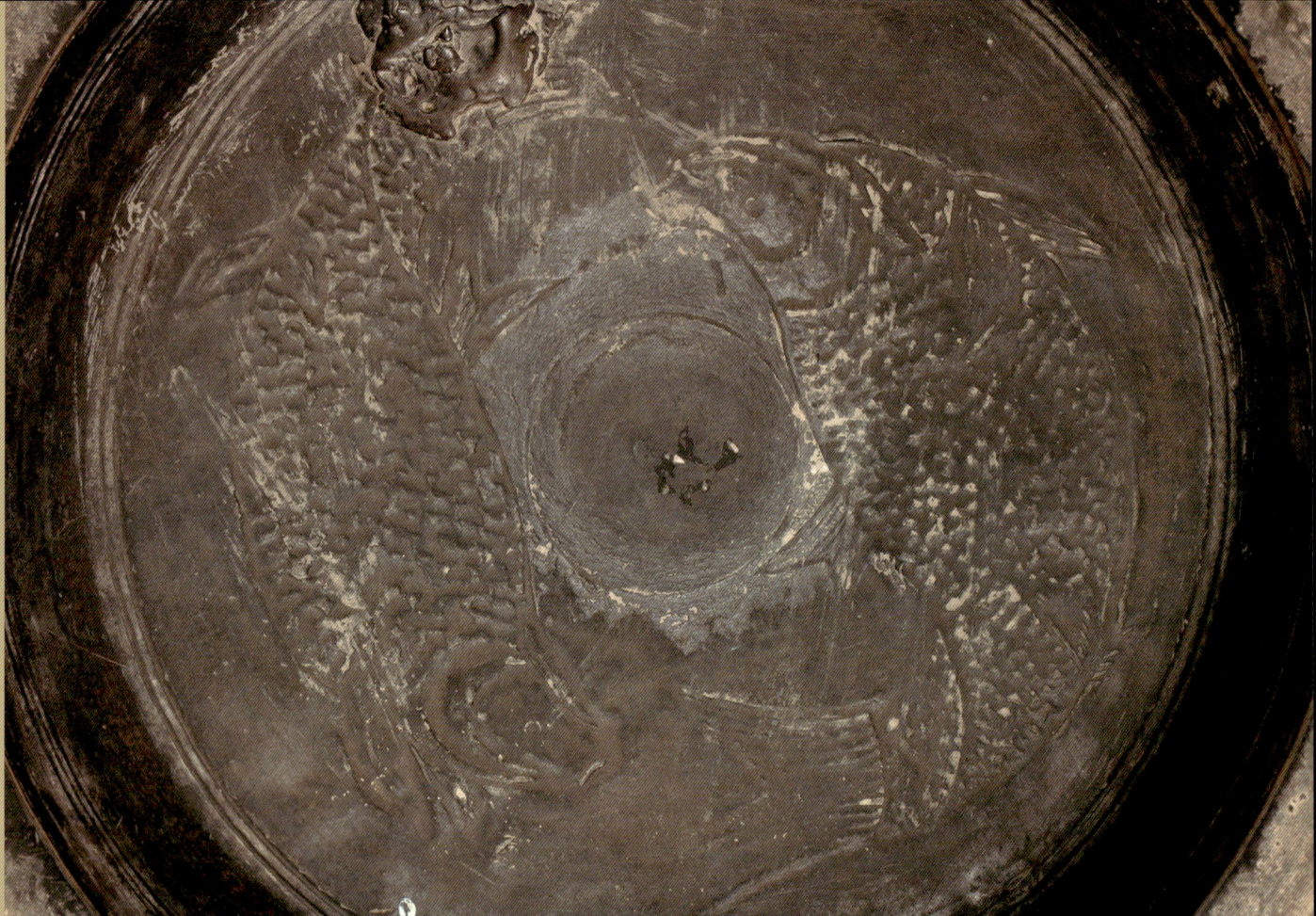

双鱼纹铜洗

宋

直径 50 厘米，高 13 厘米

1971 年杜家坪出土

宽边凸缘，弧腹，平底。内腹正中铸有圆环，两侧饰大鱼各一条，鱼鳞清晰，底附三瓦形立足；腹内饰两组弦纹。

坐佛石造像

宋

长 17.5 厘米，宽 28 厘米

1979 年 9 月秦城区北山皇城遗址采集

石佛像由两部分组成，上为坐佛，下为须弥座。佛结跏趺坐于仰莲台上，螺髻，面相丰圆，额有白毫，两耳硕大，闭目深思，上嘴唇刻有胡须；左手平放于左股上，右手作触地印。内着僧祇支，袈裟自右肩外披于肘下，衣摆下垂于仰莲之上。下为须弥座，四周凹雕六力士，宽带束腰，双手皆作托举状。座上沿一周雕刻龙形纹饰，下沿雕刻云纹。

"王祥卧冰"画像砖

宋

长 29.5 厘米，宽 28.5 厘米，厚 4.7 厘米

1984 年天水市文化馆移交

方形青灰色砖。砖面图案为二十四孝中的"王祥卧冰"图，一男子右手支撑头部，左臂伸向身前，侧身裸体卧于冰上，身后为一棵老树，树干上晾挂衣服。

鹿衔草画像砖

宋

长 28.7 厘米，宽 28.2 厘米，厚 4.7 厘米

1984 年天水市文化馆移交

方形青灰色砖。砖面正中为一只昂首、直立、平视前方的小鹿，张口衔草。鹿形体壮硕，四肢瘦劲，雄道有力。

八千年记忆

天水市博物馆
通史陈列

第七部分 茶马大市

八千年记忆

天水市博物馆
通史陈列

258

人物故事画像砖

宋

长 28.7 厘米，宽 28.3 厘米，厚 4 厘米

方形青灰色砖。砖面右侧有一戴黑帽子的男子，上着紧袖短装，身背行囊，左手持棍，右手举置额前，向右上方观望站立于祥云之上的女子。女子身着红色交领宽袖长裙，回头张望。

人物故事画像砖

宋

长 28.7 厘米，宽 28.7 厘米，厚 5 厘米

方形青灰色砖。砖面右侧一高髻女子身穿交领窄袖长裙，腰系带，衣纹清晰，双手捧一器物向右侧身，注视前面的桌子；桌为方形、四腿。

柳毅传书铜镜

金

直径 17.4 厘米

圆形，圆钮。以钮为限分为上下两部分，钮及其以上为陆地，以下为河水。陆地上沿镜左侧伸出一棵大树，树下一男一女。女子衣带飘拂，男子面向女子，身子微向前倾，双手拱起，互作倾诉姿态，右侧一人牵马，马头向钮，下部分河水波涛翻滚，水里有鱼。

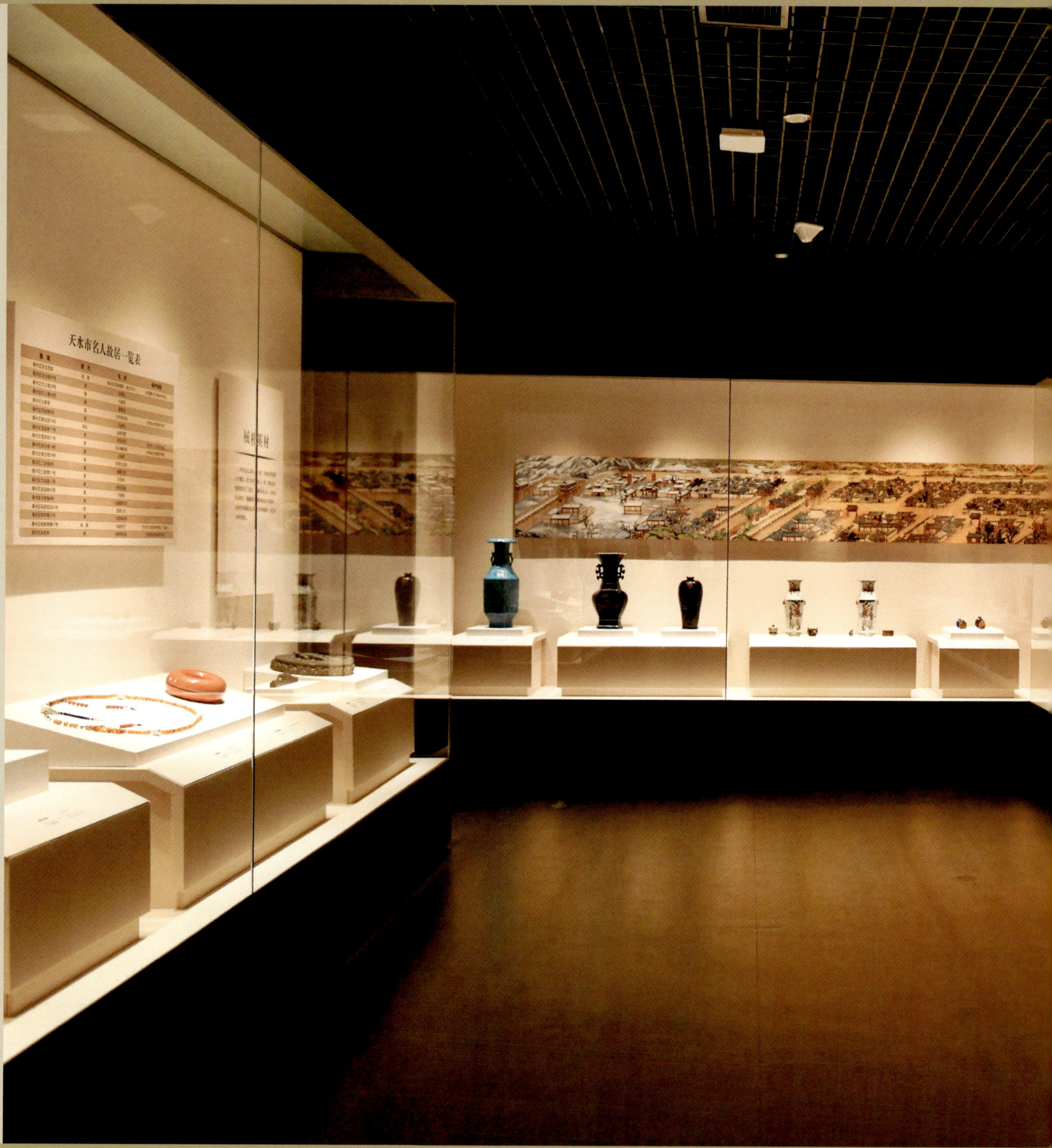
天水市名人故居一览表

第八部分 古城遗韵

元明清（公元一二七一至一九一一年）

元明清时期，天水是陇右商贸重镇，经济繁荣。秦州古城得到较快发展，以东关、大城、中城、西关和伏羲城五城相连的城市格局进一步完善。保存下来的古代建筑主要有伏羲庙、玉泉观、南郭寺、北关清真寺、纪信祠、文庙、万寿宫、陇南书院等。

黑釉刻"蘭"字梅瓶

元

口径6.4厘米，底径12.3厘米，
高36.6厘米

小侈口，圆唇外卷，短颈，隆肩，
腹缓收，底宽厚，圈足微外撇。整
体施黑褐釉，胎体较粗，薄釉处釉
色较浅。肩部刻一"蘭"字，字迹
露胎，颈下部、腹部均饰釉下弦纹。

钧窑青釉瓷碗

元

口径 18 厘米，高 8.3 厘米

1971 年玉泉观东铺子采集

直口，斜腹，圈足外撇，脐底。胎质粗糙，通体施天青釉，外壁施釉不到底，釉层肥厚，碗内壁有一玫瑰色窑变；釉面有鬃眼、气泡、细小开片及黄斑。

影青双鱼纹碗

宋

口径 16.5 厘米，底径 5.2 厘米，高 4.8 厘米

个人捐赠

呈斗笠状。敞口，斜腹，圈足外墙斜削屋内墙，底平略凹，露白胎，胎质较细密，
有一圈落釉黑线。碗内外通体施影青釉，釉色青白。碗内刻双鱼水中嬉戏图案，
水纹刻画流畅，鱼纹生动形象，外口沿下饰弦纹一道。

鎏金无量寿佛铜造像

明

高 39.5 厘米

1984 年天水市文化馆移交

佛鎏金，结跏趺坐于莲花座上。发髻饰蓝色，两耳长垂，面丰圆，额有白毫，长眉细目。内着齐胸僧祇支，斜披折边绣花外衣，衣纹疏朗，垂于台座上。双手结禅定印于腹部。

八千年
记忆
八千年的
通史陈列
天水市博物馆

第八部分 古城遗韵

272

乌斯藏佛铜造像

明

通高 16 厘米

佛像半结跏趺坐于束腰莲台之上，束高髻，佩桃形头饰，戴五叶宝冠；两眼微启，细眉直鼻，闭口，唇间涂朱砂红；两耳硕大，戴圆形耳饰。头微向右倾，上身裸露，项圈悬铃，胸前佩戴宝珠璎珞；束腰，腰带上有一红色宝石；下着绣花宽边长裙，腕、臂均佩连珠纹宝石钏，通肩缯带经臂垂于体侧莲台上。左手手臂向前施论辩印。

"刘海戏金蟾"铜熏炉

明

高 41.5 厘米，宽 36 厘米

1984 年天水市文化馆移交

铜熏炉由刘海和蟾蜍两部分组成。下部是一只体型硕大的三足蟾蜍。蟾蜍阔口隆鼻，双眼暴突，浑身凸起酥瘤。腿部肌肉隆起，后面单腿屈蹲，前面双足用力上撑。蟾蜍空腹，背部有盖。刘海左腿单立蟾背，神态自如，身背葫芦，长衫飘起，右腿弓起，身体微微前倾，低头注视脚下的金蟾，作戏弄之状。

象牙笏板

明

长 40.7 厘米

1984 年天水市文化馆移交

黄白色骨质。梯形弓状，下大上小，整体有细小
自然裂纹。

象牙笏板

明

长 40.7 厘米

1984 年天水市文化馆移交

大方广佛华严经抄本

明宣德九至十年

纵 31.5 厘米，横 11 厘米

经书写卷，金粉楷书，纸本。封面、封底用黄绫裱褙；内部用蓝麻布装饰写经卷的天地头。内容为《大方广佛华严经》。

狮盖铜炉

清

口边长 28 厘米，通高 45.8 厘米

1984 年天水市文化馆移交

炉体呈方形，由炉身、炉盖组成。炉盖为四边形覆盆状，盖顶正中有一狮形握柄，狮口微张，足下踩一镂空绣球；炉盖边沿饰云雷纹一周，中部装饰四组兽面纹，八凸棱相隔；炉身方口，鼓腹，两侧有对称 "S" 形耳，四角处有弧形扉棱，炉身装饰有变体卷云纹及云雷纹。四足弯曲，上部装饰以独角兽面形象，下部为蹄足。

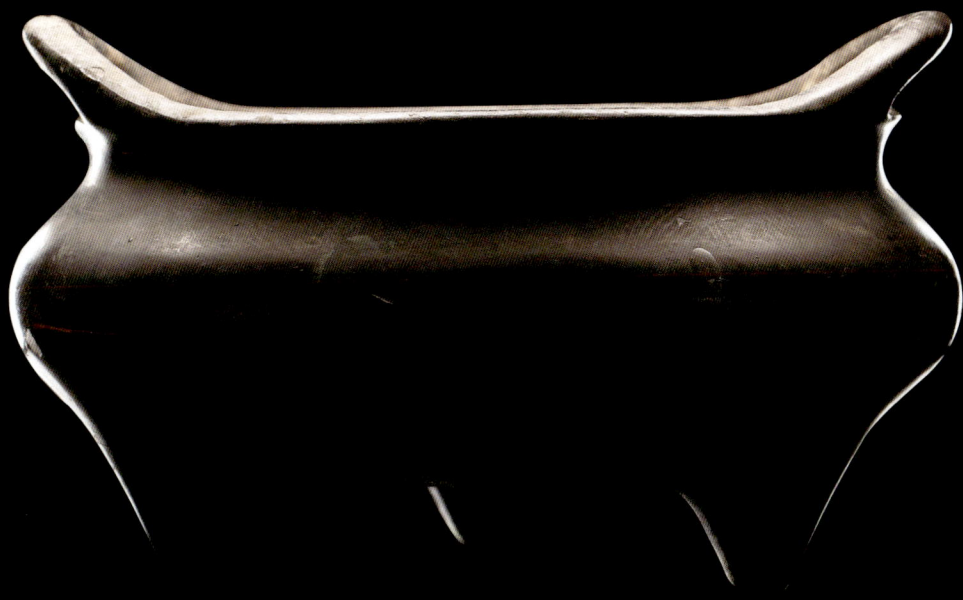

铜仿宣德炉

清

宽 21.4 厘米，高 14 厘米

1985 年天水市文化馆移交

微侈口，圆唇，短束颈，鼓腹，三乳状足，炉耳斜立于口沿上，平底。
底为铸印款"大明宣德年制"。印款边款外为花卉纹一周

红玻璃鼻烟壶

清
宽 7.7 厘米，高 8.4 厘米
1993 年 12 月 13 日天水市公安局移交

黑紫色玻璃吹制。烟壶扁圆体，平沿，直颈，椭圆形
小平底，素面。

蓝玻璃鼻烟壶

清
宽 5.5 厘米，高 6.6 厘米
1993 年 12 月 13 日天水市公安局移交

蓝色玻璃吹制。烟壶扁圆体，平沿，直颈，两侧开光片，两肩饰
铺首衔环，凹浅圈足。

红地四开光粉彩四季花卉纹碗

清

口径 17.5 厘米，底径 6.7 厘米，高 8 厘米

碗口沿略外撇，深弧腹，窄圈足。内壁及底心施透明釉，外壁施赭红釉；釉上金粉描饰花草纹，四面开光处彩绘牡丹、荷花、菊花、梅花四季花卉。青花方形篆书"大清嘉庆年制"六字款，无边框。

浮雕八仙祝寿图洮砚

清

直径 45 厘米

1982 年社会征集

洮砚整体龟形，由砚盖、砚池两部分组成，子母扣。石呈碧绿色。
砚池龟首部雕有二龙戏珠祥云图；池身有凸起的不规则乳状；砚盖
雕刻为福禄寿八仙祥云图。

白玉透雕花卉纹玉饰件

清

长 5.2 厘米，宽 1.9 厘米

1993 年 4 月 6 日秦城公安局移交

青玉质。整体近梳形，片状，整体透雕花卉纹。

白玉透雕花卉纹玉饰件

清

长 5 厘米，宽 3.2 厘米

1993 年 4 月 6 日秦城公安局移交

青玉质。整体近菱形，片状，中间透雕"卐"字纹，
周边饰花卉纹。

玉带扣

清

长 6.3 厘米，宽 4.2 厘米

1987 年天水市公安局移交

青玉质。整体"S"形曲面，无雕饰。带板前端椭圆形，并凿一
椭圆孔为扣，下层凿有穿带环。

双螭纹玉带扣

清

长 4.4 厘米，宽 3.4 厘米

1984 年天水市文化馆移交

青玉质。带板正面线刻一站立仙鹤，侧面出一小圆
柱上打孔，用以和扣环连接；带板前端椭圆形，镂
雕卷草纹，并凿一椭圆孔为扣。背面凿一长方形槽，
素面。

刻花双螭纹玉带扣

清

长 8.9 厘米，宽 5.5 厘米

1984 年天水市文化馆移交

青玉质。带板主体线刻一梅花鹿，侧面出一小圆柱，柱头打孔，用以和扣环连接；带扣前端椭圆形，镂雕卷草纹，并凿一椭圆孔为扣。背面凿一长方形槽，素面。

刻花玉带饰

清

长 4.45 厘米，宽 3.4 厘米；重 28.3 克

1984 年天水市文化馆移交

青玉质。带板呈长方形，委角。正面浅浮雕桃树、人物图，背面两侧端开方槽。

刻花玉带饰

清

长 5.1 厘米，宽 3.4 厘米

1984 年天水市文化馆移交

青玉质。带板呈长方形；中部线刻人物故事图，一高士头戴斗笠，手执古琴，后跟随一童子；上刻祥云，旁刻松柏，树冠高大。

双螭纹玉带扣

清

长 6.9 厘米，宽 4.9 厘米

1984 年天水市文化馆移交

青玉质。整体椭圆形，雕卷草纹，椭圆孔为扣。

玉钗

清

长 12.3 厘米，宽 2.1 厘米

1984 年天水市文化馆移交

青玉质。整体为长条状，上部透雕元宝、荷花等；下部扁平光滑，侧观
略呈弓形。

翠首铜簪

清

长 10 厘米

由簪头和簪梃两部分组成。簪头嵌翡翠镀金雕花，并镶红宝石，簪梃整体细长，末端出尖。

镶嵌宝石铜粉盒

清

长 8.8 厘米，高 4 厘米

1993 年天水市公安局移交

粉盒由盖与盒体组成，子母口扣合，整体呈扁豆角状。通体掐丝工艺，口沿、边缘处有铜箍作棱；盒盖及盒身一周镶嵌有玛瑙、绿松石。粉盒内部可见鎏金痕迹。

木胎红漆朝珠盒

清

直径 19.7 厘米，厚 6.6 厘米

1984 年天水市文化馆移交

木质，整体成圆环形，子母扣。表面髹红漆。

琥珀朝珠

清

重 300 克

1984 年天水市文化馆移交

朝珠由 108 颗质地大小相同琥珀珠子组成，每 27 颗琥珀珠子为一组，间穿一颗较大的翡翠珠，共三颗，俗称"佛头"或"分株"。"佛头塔"两边穿缀丝绦，丝绦一头穿缀翡翠，称"背云"。"佛头塔"两边各穿缀两串小珠子，每串 10 粒，珠串的末端各有用银丝珐琅裹着宝石的小坠角，俗称"纪念"。

五彩人物故事方瓶

清

口径 13.2 厘米，高 42.5 厘米

四棱方瓶，方口折沿，束颈，斜直腹，平底。
肩部堆塑对称衔环铺首，饰矾红彩、金彩；
内外施白釉，口沿为酱色釉；颈肩部釉上五
彩绘西王母驾凤、和合三仙、东方朔偷桃等，
腹部绘釉上五彩福禄寿三仙，八仙等。

青花百寿尊

清
口径 12 厘米，底径 15.5 厘米，高 47.8 厘米

直口方唇，窄平沿，直颈，溜肩，圆腹下收微
束，圈足外撇。胎体细密紧实，有厚重感。釉
下以青花料书写寿字，从唇口至底足共三十圈，
计 780 字。唇口下饰一圈双弦纹。底部款识为
釉下青花双圆圈。

301

铜胎景泰蓝盖碗

民国

直径 7.5 厘米，高 7.9 厘米

1996 年天水市公安局移交

整套盖碗由盖、碗、托盘组成。盖弧形，柱钮，子母口，饰莲 2 朵；碗敞口，平沿，腹下收圈足，饰莲 4 朵；托盘敞口平收，圈足，盘自心向外分饰团菊、水波纹、连弧纹。器表为铜胎镀金，饰以掐丝填彩勾莲纹；器物内部及盘底为铜胎蓝釉，圈足镀金。

鸟形铜盒

民国

口径 2.8 厘米，底径 2.2 厘米，高 5.7 厘米

1996 年天水市公安局移交

铜盒由盖、盒身组成，子母口。盒盖捉手为一掐丝珐琅填彩鸟，内彩为蓝色；盒身敞口，腹斜收，平底。外部通体掐丝珐琅梅花等，底色为蓝色，上为粉色梅花。

305

民俗

明清时期，天水民居以四合院为主，多为土木结构，环院相套，布局严谨，形成了独具特色的北方民居建筑风格。尤其是各种雕刻，造型生动，内容丰富，寓意深刻，具有很高的艺术价值。同时，明清时期遗留下来的大量木质家具以其精湛的工艺而著称于世，为研究当时的社会生活提供了宝贵的实物资料。

二十四孝图木框绢心挂灯

清

长 50 厘米，宽 50 厘米，高 42 厘米

成对，为正方体。由四方木框拼成。木框打阴线，四柱间用横枨连接，四角下均有角牙。绢心彩绘二十四孝人物图。

核桃木五福捧寿插屏

清

长 38.5 厘米，底宽 16 厘米，高 57 厘米

核桃木质，由屏心和底座组成。屏框浮雕回纹，屏心镂空透雕五福捧寿
图案，整个画面用卷草云纹连接；绦环板透雕双夔庆寿，上下边沿打洼；
披水牙透雕卷草纹。底座留有亮脚，上有透雕夔纹站牙。

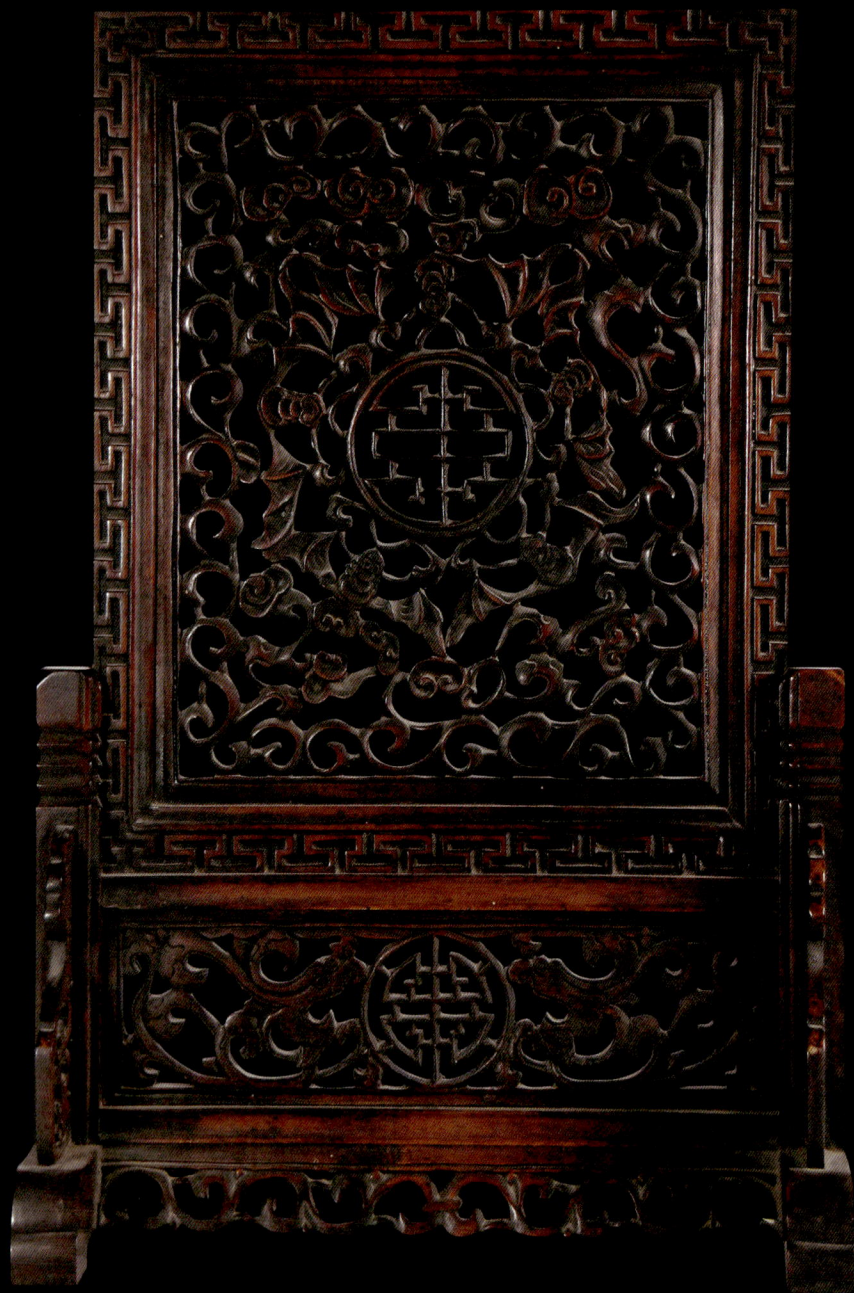

核桃木透雕福寿太师椅

清

长 63 厘米，宽 42.3 厘米，高 100 厘米

核桃木质，成对。靠背板及扶手均采用透雕工艺。搭脑呈灵芝形，靠背板雕卷云、螭龙纹组成"福"字，下饰灵芝纹。扶手雕二龙团寿，座面下四周均有彭牙壶门，浮雕双草凤戏灵芝，鼓腿上部饰兽面纹，龙足外撇踩球，四周均有平板托泥。通体雕满花纹，用料厚重，雕饰繁缛。

福禄寿纹衣帽挂盒

清

长 22.5 厘米，宽 29.2 厘米，高 6 厘米

核桃木质，盒式对开。内设四根立柱，前立柱顶端巧妙开有十字槽，可插透雕如意状卷云纹帽架。后立柱为转轴，支点开在盒框上。前后柱有围栏花牙榫卯相连，围栏刻有精细的透雕万字纹。柱间戏台用黄杨木镶嵌和浮雕八仙图案。下框间装四个可转动的象头形挂钩，以挂衣帽。

梨木浮雕花卉纹"想先容"祖宗堂

清

长 77 厘米，宽 50 厘米，高 101 厘米；底座长 78.5 厘米，宽 59 厘米，高 16.5 厘米

悬山顶房屋造型，檐下连接透雕蝙蝠纹花板及石榴纹垂头。对开两门，门额刻"想先容"，两侧廊心墙阴刻对联"基业远遗永念祖功宗德，藻苹时荐毋忘木本水源"。门上部绦环板浮雕琴棋书画纹，上裙板浮雕荷花、寿、福、牡丹纹，下裙板雕龟背连续纹。底座为桌形，彭牙鼓腿。

雕漆瓷盖提盒

民国

长 43.4 厘米，宽 25 厘米，高 37 厘米

盒体共分三层。盖为雕漆嵌青花瓷，上绘凤穿牡丹图案；下有三层盒相套。自盒底座向上立有台阶式提梁。盒外部为雕漆彩绘有八宝、"寿"字纹等吉祥纹饰。

双狮捧寿纹漆金屏式镜台

民国

长 106 厘米，宽 52 厘米，高 153 厘米

木质。台面为前短后长的梯形。面下绦环板浮雕松、鹿、石榴、喜鹊、牡丹图。腿两侧彭牙侧均雕蝙蝠，三弯腿正面均浮雕兽头纹，足外翻踩圆球，圆球下接梯形托泥，托泥内镶龟背纹脚枨。台面后部安三屏式镜背，呈扇形；用四立柱相接，柱头高出，均圆雕狮子、荷花。中扇高，两侧低。中扇镶嵌方形玻璃镜，两侧扇均浮雕麒麟送子和天官赐福。三扇屏上部均透雕双狮口衔蝙蝠捧寿、海水、朝阳及卷草纹。镜屏雕饰均漆金。两侧扇下均安有小屉。

后　记

　　文物是历史的物证，是人类文明的印记。让收藏在博物馆里的文物活起来是时代赋予博物馆的重要使命。

　　天水市博物馆历史文物陈列馆自 2010 年竣工并免费对外开放以来，年平均观众接待量近百万人次。2016 年底，天水市博物馆晋升为国家一级博物馆。以此为契机，天水市博物馆实施了历史文物陈列馆展厅展览提升和设施设备更新项目。结合改造提升后的展览，天水市博物馆以历史文物通史陈列为依托，组织编辑出版《八千年的记忆——天水市博物馆通史陈列》图录，以展示天水馆藏文物，反映天水历史文化的源头性、延续性及融合性，为读者提供探寻天水历史文化的密码。

　　《八千年的记忆——天水市博物馆通史陈列》在编辑出版过程中，凝聚了天水市博物馆许多工作人员的心血。天水市博物馆学术研究部在文物遴选确定、资料收集整理、文稿编写校改方面付出了巨大心力；文物保管部在文物照片拍摄、文物信息提供方面积极配合、全力协助；信息中心在展厅照片拍摄方面提供了帮助。同时，文物出版社对该书的出版给予大力支持，责任编辑许海意对书稿进行了细心审校，提出了好的修改建议；摄影师宋朝、张冰对本书所需的馆藏文物进行了拍摄。本书中部分插图，由甘肃省博物馆、甘肃省文物考古研究所、麦积山石窟艺术研究所、张家川回族自治县博物馆友情提供。在此对所有参与人员和给予帮助的单位、个人一并表示衷心的感谢！

　　需要说明的是，书中文物出土地"秦城区""秦州区"地名同为一地，系行政区划名称变更。对没有具体出土时间的按照原始档案记录的出土地名书写。

　　本书以精美的文物图片和简洁明快的文字说明为特点。但囿于水平有限，错误在所难免，敬请读者提出宝贵意见。

编者

2021 年 6 月